U0142096

文學叢刊之一二二

時空流轉

匡若霞 著

文史哲出版社 印行

國家圖書館出版品預行編目資料

時空流轉 / 匡若霞著. -- 初版. -- 臺北市：文史哲,民: 90
面 ; 公分. -- (文學叢刊 ; 122)
ISBN 957-549-369-9 (平裝)

855 90009755

文學叢刊 ⑫

時空流轉

著 者：匡 若 霞
出版者：文 史 哲 出 版 社
登記證字號：行政院新聞局版臺業字五三三七號
發行人：彭 正 雄
發行所：文 史 哲 出 版 社
印刷者：文 史 哲 出 版 社
臺北市羅斯福路一段七十二巷四號
郵政劃撥帳號：一六一八〇一七五
電話886-2-23511028・傳真886-2-23965656

實價新臺幣二六〇元

中 華 民 國 九 十 年 六 月 初 版

ISBN 957-549-369-9

記憶的重現（代序）

悠悠歲月，愛與憎、苦與樂，有時風和日麗、有時陰霾晦暗，交織成奇妙的人生，呈現萬般風景，多采多姿的畫面，試著把它們描繪、記錄下來，必須以敏銳的觀察，冷靜的頭腦，掌控剎那間閃現的色彩和光影，透過紙筆流露出觸動心弦的感覺。

童年的夢，少年的輕狂，中年的成熟圓融，老年洞澈世相的清明，形成生命的旋律。每一階段的行程，必有不同的景觀和情感的潮汐，在流轉與變幻裡，把縈懷胸臆間的思緒，寄託心神，讓它在筆下重現，留與他年說夢痕吧！

有位西方作家曾說過：「回憶和過去的歲月，是寫作的泉源；一旦有回憶就已經是位創作者了。」他的作品就充滿了童年的敘述和成長的記憶。

記憶的確是寫作者筆下自然的流露，從無意識的底層呼喚我們再往回走一段心路歷程，既熟悉，又有點陌生，讓人勾起塵封的過往，記錄的文字重現了具體的物象，人與事，恍惚進入時光隧道，回到了許多逝去的場景，不禁爲之沉醉，也有種寬慰和惕勵。

曾讀過這樣的詩句：「回憶是冬臨最香軟的衾被。」的確使人感到溫暖。回憶有甜蜜，也有辛酸，我在寫作時常有此種感懷，光陰似在腦際迴旋，因而將這本集子定名為《時空流轉》。多承朋友們的鼓勵，文史哲出版社彭社長慨允出書，在此敬致謝忱！

匡若霞二〇〇一年夏于中和市

時空流轉　目錄

卷二　人間溫馨

卷三　憶往情深

卷四　閱讀筆記（依閱讀時間順序）

卷一 生活藝術

花 藝

常伴書香與墨香

當年，因健康欠佳，辭去教職，提早退休回家當純「煮」婦，還眞有些不能適應。習慣了忙碌的教書生涯，忽然間變得閒散無所事事，不免有份茫然的失落感。況且，孩子們都已長大，不需我時時照顧，那麼除了燒飯、洗衣、操作家務之外，做什麼呢？

好在我自幼酷愛文藝，閱讀與寫作一直是我的最愛，有更多時間讀與寫，不正是以前所期盼的嗎？於是，我重新爲生活作一番安排。

一杯香茗、一本好書

通常，每日清晨六時左右，窗外小鳥的歌聲像一串銀鈴，從睡夢中將我搖醒。我立刻披衣起床，只要不是雨天，必先登上樓頂陽台。此時晨光熹微，輕風拂面，呼吸新鮮空氣，頓覺神清氣爽，隨後爲種植於四周的花木澆水，再做健身運動，身心感到無比舒暢。

下樓回到屋裡，忙著準備早點，等先生和孩子們離家後，只剩下我一人。室內靜下來了，我完全擁有自己的一片天地。

先把房間收拾乾淨，如果不上市場買菜，便捧著一杯香茗鑽進書房，四壁除向陽的一面大窗外，其餘三面是滿滿的書牆。走進去就會聞到書香四溢，不禁心神馳騁，遨遊於智慧與知識的海洋，也讓心靈和古今聖賢相交，與中外名士晤對，樂在其中，渾然忘我。

有時讀到一本好書，獲得新的領悟，乍驚還喜，反覆誦吟，融入那雋永迷人的氣氛；碰到耐人尋味的章句，則埋首琢磨，深思良久，不覺時間流逝。

往往在閱讀之際，腦海裡湧現佳句或一線靈感，便急忙抓起筆，伏案尋思，構擬小說情節，或是理出散文的脈絡。如果靈感泉湧，文思順暢，也能一氣呵成，揮灑成章，心中自有說不出的欣悅。

午後小睡片刻，下午時間大多做些瑣碎家事，有時也出門逛逛書市，看到喜愛的新書，如獲至寶，便買回來認眞閱讀。有時也觀賞書法及畫展。我比較喜歡國畫，或許是個性使然，我特別欣賞國畫的淡泊和寧靜、飄逸和深遠。慢慢地欣賞，常令我感受到出塵脫俗的樸質，以及對自然的嚮往，也獲得精神的超脫與昇華。

同樣地，我也非常喜愛書法，經常觀賞名家書法展。無論是楷書、魏碑、隸書、行草等，各具美感，散發出雍容莊重、溫雅優美的魅力，引人入勝，不禁觸動了我潛在的興趣。從小就喜歡寫毛筆字，而且得到老師的誇讚，見到字字紅圈圈，滿心歡喜。雖然進入大學後即與書法絕緣，但美好的印象一直鎖在記憶深處。

一管在握，樂趣無窮

經朋友介紹，我到文化復興委員會書法班學習書法，很幸運而得名師指導，又有書友們相互切磋，使荒疏數十年的毛筆字很快便漸入佳境。我對每周一次的習字課興趣特濃，除非有重要事，從不缺課，用心聽老師講解寫字的訣竅，回家後並依老師指定的範本練字。

寫字也如寫文章，不能心浮氣躁，需凝神屏氣，一筆一劃用心地寫，筆下的字自然漸漸端正雅麗。此外，還要注意字體大小適度，及行與行之間的位置，過分擁擠或稀鬆，都會令人看了不舒服，沒有美感。

懂得運筆的方法，字形便流暢生動，筆飛墨舞間充滿躍動的生命，使人一管在手，樂趣無窮。

練寫書法，不僅享受揮毫之樂，而且有益健康。寫字時正確運用指腕肘臂，可治療慢性病，促進血液循環。過去體弱多病的我，如今很少病痛，常伴書香和墨香，內心充實，深覺人生無限美好。

從閱讀、寫作到唱歌

當然，我決不會爲了自己的愛好和興趣，疏忽家庭主婦的職責。平常總是保持屋子的整潔舒適，具有吸引力。而晚餐更是我的重要課題，參照食譜，每天盡可能變花樣，使餐桌上常見色香味。傍晚，迎接忙累了一天的先生和兒女歸來，家裡頓時變得熱鬧喧騰。看他們開心地吃得津津有味，我就有說不出的高興。

晚間則與家人共享溫馨，大家在一起談談笑笑，輕鬆愉快，其樂融融。

近些年，兒女們相繼成家，僅么兒留在身邊，生活簡單，空閒時間更多，我又參加了婦女寫作協會的文友合唱團。這是個可愛的團體，每個人都善良可親，相聚時，熱烈的情緒、和樂的氣氛，充分表現了大家內心的坦誠。在這裡，我不但獲得眞摯的友情，而在歌聲的薰陶中，感到更加快樂，彷彿又回到了年輕歲月。

儘管生命的旅程已漸入黃昏晚境，但夕陽仍然璀燦，只要掌握每一寸寶貴的光陰，妥善運用，靈巧安排，就會活出意義來。日子對我而言，並無寂寥，閱讀、寫作、練習書法，伴隨著音符的流轉，生活中迸放出靜與動的繽紛，顯得更加多彩多姿。

與書為友

從小就喜歡看書，也許是父親書房裡大量的藏書散發出淡淡的幽香吧？使我沈醉於書香的氣氛中，而感樂趣無窮。

記得在那青澀的少年歲月，放學回家後就鑽進父親的書房，一頭埋在書堆裡；什麼西遊記、岳飛傳、三國演義等，以及當代作家出版的新文藝作品，一概生香活啃，裝進了小腦袋。書中的天地遼闊而迷人，讀著，讀著，彷彿書中人物都鮮活地跳躍在眼前，讀到歡樂處，便不覺展開了笑顏，悲哀處，也不由自主地掉下眼淚。於是，閱讀成了我最大的娛樂，書籍也成了我的朋友。

成長後由於愛書，便喜歡買書，平日有多餘的錢就想去買幾本書回來。有一段時期，物質生活相當艱苦，但仍在有限的生活費用中，抽出一點錢來買自己心愛的書；因爲有書爲伴，擁抱書中的天地，猶如進入一處綠草如茵，繁花似錦，衆鳥和鳴的美麗世界；只要一卷在手，就能把憂愁煩惱拋開，書中閃耀著智慧的靈光，導引我們正確的方向，帶領我們到更高的精神層次。

的確，書如同朋友，對我們的影響極大，故而買書和看書，也要像交友一樣，有所選擇。在人生的歷程中，若能有幾位知心好友，相互切磋琢磨，使品德的培養與知識的探求都能得到助益，生命定將光彩燦爛。同樣的，好書能使我們享受到心靈的滋潤，提昇精神生活，且使我們對生命的意義，人生的價値，有所領悟。經常閱讀優良書籍，吸收作者的智慧與經驗，獲取多方面的知識，而知識就是力量，即使在現實生活中遭遇困頓和挫折，也不致頹然倒下，胸中自有一股力量去突破困局，開創新境。

「書中自有顏如玉，書中自有黃金屋」的時代雖已過去了，但古有云：「腹有詩書氣自華」的觀念卻是放之古今而皆準的，多讀書的確可以改變氣質，美化人生。愛書的人往往對名利淡泊，待人接物也能謙沖爲懷；這因爲書本引進了思想的靈泉，涵養光潔的一面，使人看來溫文儒雅，安詳懂禮。反之，「三日不讀書，則面目可憎。」有些人不喜閱讀，甚至視讀書爲一種桎梏，一種痛苦，實在令人感到惋惜和遺憾，殊不知閱讀之樂令我們終生受用。

常常在書店裡看到許多顧客，站在書架前似乎在聚精會神挑選好書，然而當他們翻一下封底的定價時，不免要滴咕：「太貴啦！」然後把書放下，「瀟灑」地走了。書眞的太貴嗎？可是多少人甘願花同樣的錢去看場電影，甚或以高過數倍的價値去吃頓大餐，卻捨不得買書。

試想看場電影消磨一兩小時究竟能得到什麼？壞片子說不定還會產生不良影響；美食固然可享口腹之樂，又能留在胃內多久？何況營養過剩會帶來疾病，自找麻煩。而一本書，可以伴你渡過多少閒暇時光，給予心靈多少收穫，並為你永遠所擁有。

書是一種永遠的財富，我認為買書不是消費，而是最好的投資；書的價值無窮，不會讓你落空。主要的是我們要買好書，讀好書。目前社會上汗牛充棟的書，並非每一本都能讀之有益，有些甚至戕害身心，所以買書時要謹愼選擇。有的出版社免費贈送「書訊」，也有類似書評的雜誌可提供參考；再說既是受過相當的教育，又是經常看書的人，辨別書的好壞，必然有此能力。

有時聽到人家說：「日子過得多無聊啊，不知道作何消遣？」我就覺得奇怪，怎麼會呢？即使獨坐斗室，四周寂靜無聲，我也不會感到寂寞。有書陪伴，便像與摯友對坐娓娓談心，又如與古今聖賢相會，與中外名人雅士晤談，心神遨遊於智慧及知識的海洋，樂在其中，渾然忘我。當讀到佳句，獲得新的啓示和感悟，乍驚還喜，反覆誦之，融入那雋永深邃的意境；讀到耐人尋味的詩詞，立即埋首琢磨，深思良久，而不覺時間之流逝。

今日的世界，正面臨到一個知識爆發的時代，作為現代人更要不斷地追求新知，新知來自各類書籍，所以我們應多利用時間閱讀，才不致被時代所棄。

如果大家都喜歡讀書，文化水準必日益提高。文化的價值在於它對人格志節的影響，在於裨益人生，使我們受到潛移默化和啓迪靈智的功效；有更多的愛書人，最後必將匯成書香滿溢的社會，勤儉樸實的風氣亦可因此養成，許多罪惡之事將不致發生。

一旦與書爲友，書的芳香便已融入體內，不獨可以豐富個人的內涵，不再空虛徬徨，覺得生活更爲充實快樂，從而也促進人與人之間的美滿和諧。

垂釣・插花

釣一溪流水

自從那年遷來新居後，我和先生經常到附近不遠處一條溪流的堤岸上散步。堤下有片廣大的草地，視野遼闊，景觀優美；草坪綠意盎然，有人在溪畔垂釣，那份優然閒適深深吸引著我們。

「下次我們也來釣魚好嗎？」先生望著一溪流水問我。

「好哇！」我欣然贊同。

於是，我們去買了釣具，準備了魚餌，每逢週末午後，前往溪畔垂釣。我手上還提了個塑膠小水桶，心想釣到了魚，放在水桶中帶回家，晚餐桌上便可增加一道佳餚。

見左右垂釣者那麼聚精會神，專注於揮動釣竿，自己也興致勃勃將釣竿投入溪水，心中湧起期待與盼望：魚兒上鉤吧！當水面的浮標閃動之際，立即高興的舉起釣竿，手上感覺輕輕的，不見魚兒，也許覺察到誘人的香餌原是一種預謀，魚兒便機智的逃開了。

瞧瞧其他釣者，謹慎小心，要等魚兒眞正上鈎，才迅速的提竿，他們從釣鈎上取下活蹦亂跳的魚兒，面露欣喜的笑容，收穫的快意溢於言表，內心頗爲羡慕人家技術高明，但我們初來乍到，怎能和他們相比呢？

「不要沮喪，慢慢來。」先生微笑著對我說：「只要有恆心，總會釣到魚的。」

經驗乃從學習中得來，去了好幾次，開始懂一點釣魚的訣竅了，終於也有了收穫，偶爾會釣到兩三尾半大不小的魚兒，內心不免竊喜，晚餐時清蒸鮮魚或煮碗魚湯，豈不是美味！可是等我們準備回家時，只見魚兒優游於小水桶中，逍遙自在，全然不知牠們的生命危在旦夕，那鮮亮的眼睛似乎在向上張望呢。如此活潑可愛的魚兒，怎忍心食之，何況我和先生，平日對雞、鴨、魚，都不敢殺生，只在菜市場買殺好的帶回家來，現在面對這活生生的魚兒該怎麼處理，正猶豫時，先生說話了：「還是把牠們放回去吧！」

「嗅。」這正合我意，連忙將水桶中的魚兒倒回溪水裡，見牠們如梭一般游遠了，心中滿載快樂而歸。

垂釣增添了生活情趣，我們樂此不疲，雖然不一定釣到魚，但釣了一溪流水。正如歐陽修在〈醉翁亭記〉所云：「醉翁之意不在酒，在於山水之間也。」我們是釣翁之意不在魚啊！

坐在綠草如茵的溪畔，靜觀溪水潺潺流淌，響聲輕柔，此時心間妄念全消，也無噪音干擾，一種明心見性的清涼之感油然而生。

在揮灑釣竿之際，那感覺亦如揮灑畫筆，山光水色相映，大自然美景盈盈入眼，天籟佳音破空而來，是心靈的享受，而且從垂釣的得與失之中，我學習了豁達和淡然，其實有時捨比取更能獲得愉悅。

插一盆春天

每次去朋友家，見她室內的茶几或桌上，總有一盆插花，鮮艷美麗，滿室生輝，使我欣賞不已。

朋友見我對插花頗有興趣，便說：「你喜歡的話，我可以教你幾招。」

我知道朋友對插花堪稱專家，她以前唸家政專校就有插花課程，畢業後繼續從師學藝，如今早已得道授徒了。於是玩笑的說：「肯收我這個學生嗎？」

「我不妄想你的學費。」她一本正經：「你不可能有那份耐心，插花可是一門學問，不是短期的事，花藝是學無止境的。」

「我眞的很喜歡吔！」

「好吧。」她誠懇的看著我：「以後你來我家時，我就教你插一盆花，慢慢地自然會懂得一點概念，你回家就可以自己插了。」

朋友果眞信守諾言，只要我到她家裡，她便取出準備好的花材，幾枝花與葉相搭配，經她的巧手慧心插出來，妍姿美態，另具一番手采。她插花時，並講述一些有關插花的流派，早先學的是池坊流，屬東洋花，又分生花、盛花與立華，有著不同的形式及規格；後來又學自由花與西洋花，有歐式、美式之分，一般說來，自由花較爲單純，但形象生動，具藝術美感；西洋花重色彩之鮮豔，較華麗耀眼，婚典宴會中多被採用。

「總之，插花最重要的是藝術化而具美感。」朋友對我說：「就像寫作，不是要有創意嗎？插花也是一樣，造形經創意而有變化，花枝或直立、或下垂、或斜倚，隨意象呈現出美感就好。另外還須配合各種花器，有竹器、木器、銅器或陶瓷器，不同的花器有不同的質感，花插在不同的器皿中就不一樣了。」

經過一段時間的學習，稍有心得，我對插花的興趣越來越濃，現在家裡無論何時都擺有一盆插花，面對親手設計的創作，深情凝眸，自己賞心悅目之外，也獲得家人的讚賞，我感覺到我和花之間的靈動喜悅。

的確，室內插盆鮮花，它們姿態幽雅，玲瓏綽約，絢麗璀璨，並吐露出絲絲縷縷的芬芳，恍似春天翩然而至，顯得生氣盎然，熱情歡躍，即使在炎炎夏日，或寒冷的冬天，也會令人滿懷溫馨。

插花不僅給我帶來了樂趣，也美化了家庭，使生活充滿愛與美，若是把花的至情至美融入我們生命中，人生豈不像花一般美好。

唱歌

數年前，朋友送我一幅她畫的萱草，上面題著兩個字「忘憂」，當時我正情緒低落，處於極度悲傷中，我懂得朋友的意思。中國傳統觀念裡，萱草忘憂。而杜鵑啼血至死，所以張潮的《幽夢影》中有「寧為花中之萱草，毋為鳥中之杜鵑。」也是在創導一種快樂的人生觀。恰在其時，另一位好友邀我參加合唱團，她說了一句讓我心動的話：「唱歌可以忘憂。」

感謝朋友的關懷盛情，我欣然接納，加入了合唱團。我向來不解音律，而且嗓音細弱，常恨自己缺乏清脆嘹亮的歌喉，但對唱歌卻又十分喜愛。起初大家都是唱些抗戰歌曲，松花江上、游擊隊歌、抗敵歌、夜夜夢江南等，聽她們唱出來，霎時喚起了往日情懷，我也曾穿越漫天烽火，走過抗戰歲月，於是跟著大夥兒唱，彷彿又回到了少年時光，不自覺地融入那份激情中。

合唱團的團員們都善良可親，相聚時熱烈的情緒，和樂融洽的氣氛，充分表現了大家內心的坦誠，我不僅獲得了眞摯的友情，更使生活增加許多樂趣。

回到家裡，偌大的屋子不再覺得空洞寂寥，只要打開收錄音機，放出好聽的音樂，或是喜愛的歌，隨著音符的流轉，整個空間頓時變得熱鬧歡騰，我一面做事，一面哼唱著，輕鬆愉悅，塵世的煩惱都抛到九霄雲外了。

近幾年來，在指揮蕭老師悉心調教下，我們不止唱抗戰歌曲，還練唱一些中外名曲，從輕盈的小品，到莊嚴的大曲，蕭老師要求我們對音樂藝術的提升，希望大家以文學的認知詮釋歌曲的音樂，要用心體認，並且不斷磨練使能彼此取得默契，從心靈深處發出眞正情愫，以達到整體的完美效果。

如今，我深有所感，似能從歌聲裡領會到曲調旋律的優美，以及歌詞如詩畫般的意境，而於潺潺的心之潮聲引起共鳴。唱到「西湖」這首歌：「看明湖一碧六橋鎖煙水，疊嶂如屏與清波相映翠，有多少樓台柳繞花圍……」還有「迎春曲」：「你瞧那陽光多慈祥，你聽那黃鶯在歌唱，那微風吹來多清涼，這世界變了樣！」在柔美輕快的旋律中，綺麗的畫面似乎呈現於眼前，多般的風情韻致，令人心醉神怡。

黃昏時，看到晚霞滿天，那瑰麗的色彩逐漸消褪之際，心中不禁油然湧出：「當晚霞滿天，桃色的雲，漸漸淡了，金色的光，漸漸暗了。水鑽樣的星星，恰似你灼灼慧眼，……你慷慨請纓，以報國相期，你忠於愛情，但更忠於眞理。……」這是由女作家鍾梅音作詞，音樂家黃友棣作曲的混聲合唱曲，詞曲華美，唱起來柔情似水，而又氣概昂揚，眞是盪氣迴腸，表達了偉大情愛的高潔，動人心弦。

我還喜歡一首「歸時好」：「一夜東風，枕邊吹散愁多少。數聲啼鳥，夢轉紗窗曉。來時春初，去時春將老。長亭道，一般芳草，只有歸時好。」曾元允先生的歌詞固然滿溢感情，作曲者李中和教授更是詮釋了曲調的輕柔溫馨。

每當我出外旅遊返家前，想起這首歌，便會輕輕吟唱著，有種溫潤甜美的感覺盪漾心湖，家是多麼可愛，哦！只有「歸時好！」

就這樣我經常沈浸於妙曼的歌曲中，悠然陶醉，樂而忘憂。

與花為友

由於喜愛一切美好的事物，對那色彩明艷，生機勃勃的花木，自然也十分喜愛；說不出對它們的情愫，只是直覺的、廣泛的、毫無偏私的心儀神會，視之爲友。

家住南部的時候，平房後面有一塊空地，我們開闢成菜圃，周圍還種了一些果樹和花木，經過一段時日，辛勤沒有白費，不但蔬菜成長一片青綠，果樹也茁壯了，最讓人賞心悅目的還是那些花木，它們綻放了美麗的花蕾，色彩繽紛，給小園帶來了春色，也給我增加了生活的情趣，和心靈的怡悅。

離開南部遷居臺北時，最捨不得那些花木了，又不能一一攜帶，只好挖出數株種植在花盆裡，隨著搬家車運來北部。新居位於公寓四樓，沒有一寸泥土，好在屋頂尚可利用，請工人在頂樓砌了一長條的花壇，雖然是小小的一長條，卻也聊勝於無，搬運泥土鋪上，就可以種花了，再加上陽臺上的盆景，我又擁有好多可愛的花木。和它們朝夕相對，情誼日深。

每日清晨，起床後先上樓頂環視一遍，隨即澆水。剛種下的花苗，必須像照顧嬰兒似的小心翼翼；已長成的花木，則如同友人寒暄，杯水即歡欣無比，展露笑靨，微風輕拂，似乎在向我點頭呢。面對煥然燦開的花朵，我不禁駐足凝視，欣賞良久，動情地想伸出手去握一握那輕盈的枝椏，撫摸一下它們嬌美的面龐，但又怕它們受到傷害，立刻縮回了手，默默觀賞，一面做著早操，頓感身心舒暢，怡然自得。

愛花的人，固然不要隨意攀折，但培植花木，更需善加照顧，才會使它們欣欣向榮。日常除了澆水、施肥，給予適度的營養之外，還要時加修剪，花木若任其枝葉蔓生，就會顯得雜亂無章；猶如孩子沒有受到好的教育，便會步入歧途一樣。因此，花木需加以適當的整理，把不好的枝條剪除或攀紮起來，使它們富有藝術氣息變得風姿綽約；枝葉的疏密，花木的姿態，經過悉心剪裁，使其不獨有那份天然美，而更具有藝術美了。經由自己的辛勞和愛心處理過的花木，眼見其葉茂花繁，鮮豔奪目，心中油然湧起一種莫可言狀的歡愉，花木似亦有情，它們頷首微笑，彷彿對你的殷勤照料致以謝意呢！如此物我交感，內外和諧與花的友誼也就更深更濃。

每逢離家出外旅遊，心中總是惦念，一再叮嚀家人，好好照顧那些花木，太乾要多澆些水，濕則少澆。有次出門數日，歸來後到樓頂一看，那些原本生氣盎然的花兒竟垂頭喪氣，憔悴不堪，葉片也有些枯萎乾黃，散落地面。心中好生難過，問孩子們方知近兩日忘了澆水，時值炎炎夏日，火傘高張，花木怎禁得如此烤晒呢。我趕忙補充營養，花木吸取水份的濕潤，始得復甦。我想起電視「奇人奇事」影片中，那株花樹在主人離去後竟然枯萎而死，植物也有生命和感情的啊。我們應該付出愛心，學著去咀嚼、去揣摩，從一朵花去看世界；若是把人生比作花，這花的世界自有其藝術之眞、善、美的境界，而愛心乃是一朵永恆的生命之花。

昔陶淵明之愛菊，而有「采菊東籬下，悠然見南山。」的詩句；周敦熙獨愛蓮花之「出污泥而不染，濯清漣而不妖」。詩人文士有其獨具慧心和銳敏的感覺，他們以物喻人，寄情山水花木；在他們的靈魂深處，享受自然美和超越的精神價值，從擾攘的俗務裡掙脫、超拔、昇華，而致於化境。平凡的我，只是憑著自己的喜愛而喜愛，對於任何花木，都願與之爲友，接近它們，也能感受到心湖的澄清恬靜，頓生靈悟，使物與我形成和諧與共鳴。

我喜愛梅花的高潔，蘭花的幽香，芍藥的溫婉，玫瑰的嬌豔；也愛海棠的麗質風姿，茉莉的瑩白淡雅，夜來香濃郁芬芳，九重葛花團錦簇，黃蟬的花瓣鮮明照人；還有許多知名和不知名的花，它們各自有著動人的色澤，美妙的姿態和沁人的芳香，我都喜愛。所謂「境由心造」，愛與憎全在於一念之間。

多愁善感的人常爲落英而下淚，因花謝而嗟嘆；其實何苦自陷於悲絕之境，需知「落紅並非無情物，化作春泥更護花。」況且「菊殘猶有傲霜枝」，我們不必爲季節的遞變與花開花謝而患得患失，因爲萬物原是生生不息，生命本是綿延不絕的。我們該奮起躍進，把握住時機，創造美好的未來。

花把我們的世界裝點得美麗和諧，使我們的生活多采多姿，充滿了愛與美，感謝造物主的厚賜，在處處花香中，我享受到友情的溫馨。

花香・茶香

幾番春雷響過，春雨如油，陣陣春風輕拂，春的氣息愈加濃郁，群花繽紛競豔，樹葉在枝頭一點一點鮮亮起來，綠意盎然。

值此春光明媚，大地欣欣向榮之際，正是踏青賞花的好時機。和幾位朋友相約，去木柵後山看杏花，我們在微雨中驅車前往，幾個人興奮地談論著，不知杏花究竟是何等容顏？我們當中誰也沒見過，彼此臆測：「像梅花？」「形狀如桃花？」車內盈滿笑聲。

穿過政大後門，往老泉街山道蜿蜒行駛，霏霏細雨如小精靈般的慧黠圓滑，輕盈地自雲端踏著舞步飄落下來，晶瑩剔透在窗玻璃上搖晃，彷彿故意逗弄人們，讓我們視線模糊，只有在雨刷不斷刷過時，方能清晰地看到一片蔥蘢的山巒。

轉過迂曲的山路，驀地發現一座現代化的木造建築物，朋友說這是新開幕不久的茶藝坊，名為「澄園」。我默想，這深山中的茶坊，有生意嗎？不過「澄園」的名稱倒是不俗，或許店主是位雅士吧！

將車停在路邊，我們步行上山看花，走不多遠，便到了杏花園，嫣紅一片，花團錦簇，觀之如彤雲，似花海，美得醉人，經春雨的洗禮，花兒更顯嬌媚，別具丰采；杏花不若梅花之圓融，也不似桃花單薄，它的複瓣花朵予人濃密厚實的感覺，在綠葉的襯托下，愈顯出神奇的魅力。

雨漸漸停了，淡藍的天空，浮雲梭動，陽光展露出淺淺笑貌，青山秀逸，群樹勃發生命的氣息，油然想起「綠楊煙外曉雲輕，紅杏枝頭春意鬧。」的古人詞句，不禁由衷讚美這動人的陽春煙景；而山間的空氣溶入花香，散播著淡雅的清芬，使我感受到一種甜美如夢的詩意。

愛花的英，正癡狂地為花拍照，她要留住每株花樹的姿采，留住花蕾的嬌態，也或許她心想留住美麗的春天吧！

我們佇立在杏花園中，著迷了似的不捨離去，良久，有人說：「看夠了吧，我們喝茶去！」其實怎會看夠呢？美是讓人永遠心繫的。終於還是移動了腳步，懷著盈袖花香和溫馨的感覺離去，回眸時，花兒似也深情款款地報以微笑。

漫步回到「澄園」，進入茶坊大門，室內設備雅致，靠牆放置一株大型杏花盆栽，原木桌椅與山野景色映照，十分調和。茶座上已有不少客人，英認識其中的一位書法家，以及另一位胡琴高手，經過介紹，還有好幾位音樂家、詩人、教授等，果然都是文人雅士，據說店主和這些客人都是朋友，壁上懸掛的一副對聯出自書法家之手，是爲「澄園」開幕典禮時的即興之作：「賞杏遨遊八方皆入畫，烹茶小憩此處最宜人。」

我們有幸參與「雅集」，並被招待香茗和點心，飲新採的春茶，溫潤香甜；聆聽胡琴高手的二胡獨奏，他一面以閩南語唱著木柵小調，我聽懂了兩句歌詞：「杏芳展豔姿，澄園多勝景。」也是即興之作吧？隨後幾位音樂家各自高歌一曲，的確餘音繞樑，大飽耳福。我們的心情也感染了這股歡愉氣氛，自在而奔放，彷彿又重回年輕的歲月。

最後，那位書法家發表高論，他說：「今天難得在這裡相聚，大家共品花香與茶香，主要的是都有著共同的興致，也可以說有著一顆屬於春天的心，那就是蓬勃奮發、志氣昂揚、進取向上的年輕的心，在生活中有點綠意，常保『春心』，就永遠擁有生之樂趣。」

大家熱烈鼓掌，在掌聲中我深思，他的話頗具啓示，其實我們的生命中隨時都可把握住春天，只要你保持年輕奮發的心。

春郊處處好風光

幾度寒流來襲，連日陰雨綿綿，濕冷的氣候令人鬱悶沮喪，難得放晴了，看到亮麗的藍天，陽光閃耀，心情頓感爽朗愉悅。

正逢假日，朋友打電話來：「天氣這麼好，悶在家裡幹嘛，出來走走吧，我們去郊遊。」

「好哦！」她的話正合我意。「去哪裡呀？」

「隨便哪裡都好，春天嘛，郊外都是好去處。」

說的也是，郊遊何必一定選名勝區，人多嘈雜，不如就在鄉間田野走走。

相約二三好友，輕裝簡便的出門了。外面，春陽分外溫暖，胸臆間陰霾已被驅散，眼前景色愈來愈明朗清麗，白雲如絮浮游於天空，輕柔飄逸；路旁的樹木，展現出蓬勃生機，枯枝上已抽發嫩芽，點點新綠帶來了濃郁的春之氣息；和風輕拂，花草芬芳，沁入鼻孔，空氣中似乎隨處都飄漾著一股難以形容的清香，令人心神舒暢。

走在春的田野，踩在鬆軟的土地上，立刻感覺大地經過春雨的滋潤，已經復甦。靜悄的田間，農人正在忙著耕作，他們純樸的臉上，隱現一抹笑意，顯露了內心的希望，辛勤地耕耘，期盼著另一季的豐收。

往前走，來到一條小河邊，河水清澈，盪漾著絲絲波紋。遠處有群鴨子在水面追逐嬉戲，正是「春江水暖鴨先知」，瞧牠們多麼活潑歡躍地游來游去，坐在河邊的養鴨人，悠閒自在地守望著他心愛的鴨群。岸上草叢裡開了些野花，彩色繽紛，明豔燦爛，相映一河春華，更增幾許詩情畫意。

走過一片翠綠耀眼的菜畦，抬頭望去，青山呈現眼前，我們慢慢走向山坡，走在舖滿落葉的山徑，猶如踩在柔軟的地毯上，那份來自天然的適意，讓人陶醉。兩旁蓊鬱的林木延伸著，風聲鳥語，交織成美妙的樂章；此情此景，彷彿回了少年歲月，心中了無牽掛，沒有羈絆，充滿夢幻，只爲前面的路所吸引，想要看看更多的樹群，那層層密密的叢林，似乎蘊含禪機，使人欲去探究參透。

面對山林原野清新的世界，深感春天乃是個神奇的季節。春天的確具有無比的潛力，它喚醒了大地，喚醒了冬眠的動物；所有的生物，都在急速地成長，使荒涼變得華美，使枯萎變得生氣盎然。因此人們常說春天在一年中最爲可愛，她的可愛不止於外在的美麗明媚，更在於有著濃濃的生命氣息，帶給人們熱情、希望、感動與活力。

在這樣一個美好的時節，爲何不抽暇走向郊野，去傾聽大自然的聲音，一片樹葉、一朵小花、一個鳥巢，每件事物都是那麼新奇可愛，我們將領會到一種嶄新的生命情趣。當我們在一向習慣的藩籬中逗留過久，頭腦往往變得呆滯，思想變得窄狹，如果有時能到空曠的郊野走走，去觀察，去體驗，將會感受很深。而那些千奇百怪的景物，山光水色，巍然秀麗，沈潛深厚，便會神妙地化爲內在的情感，成爲激勵自己奮進的力量。

歸途中似覺衣襟上也沾滿春的芳香，心底不禁湧起了無比的興奮和喜悅，默念著：「一年之計在於春」，須認眞計畫一下應做的事情，莫辜負了大好時光。

青山如畫屏

我居住的斗室，有扇寬敞的窗，面對一疊青翠山巒，那如畫屏般的青山，經常映入眼簾。

山上有古老的蒼鬱大樹，也有生長不久的嫩綠新枝；還有一些不知名的花，隱隱約約開在樹叢中，常常不經意地伸出頭來，在陽光下展現亮麗的笑靨，把山巒渲染得生機蓬勃。

我在窗前看書寫字，疲倦時，抬頭外望，憑窗遠眺，似有千種萬般柔情，在默然的凝注中。腦海裡油然湧出辛棄疾的詞句：「我見青山多嫵媚，料青山見我應如是。」於是心頭滋生一股莫名的欣喜，有種力量促使我重新投入讀寫中。

不知不覺地，青山融入了我的生活，我是如此喜愛，朝夕看它都不厭，未曾因季節的遞嬗、不同的景觀有所改變。

春暖花開時，青山一脈錦繡，濃淡有致，像位風姿綽約的少女，明媚活潑；山樹隨著春風，飄動綠色的裙裾，舞起了歡樂與青春。

黃葉飄飛的季節，滿山秋色彷彿在等待遙遠的音訊，像極一位揉合著古典與現代的成熟女子，將每寸秋陽的深情，注入景物中，含情脈脈，另有一番韻致。

晴天，層巒疊翠，望去一片幽碧，璀璨耀眼；煙雨濛濛的日子，罩上一層輕紗的山峰，透出朦朧的美；而雨後的青山，呈現秀美飄逸的風貌，更是清新動人。偶爾，氤氳霧氣攬住半山腰，又頗有幾分「山在虛無縹緲間」的況味。

我愛山不止是它如畫般的詩意盎然，令人賞心悅目而已，更因為它的巍然壯麗，沈潛深厚，它活出生命的傲岸，永遠屹立在時間的長流裡。

在現實生活裡，當我遭遇困頓與挫折時，面對那疊青山，自會落入「靜觀自得」的思維中，另創一種超然物外恬適平和的境界，一切沮喪和煩惱就會慢慢消散，心中重又升起繼續奮鬥的勇氣。

對山的仰望與沈思中，一份感謝的情愫也隨之而生，造物者給予了我們多采多姿的天地，無盡的風景，該從何種角度去觀照？全在於各自心中一念之間。讓我們珍惜所擁有的，知足、惜福、勇敢的面對，堅強的承受、愉悅的行進，向人生的高峰攀登！

看雲

小時候便喜歡看雲，或許緣於父親的喜愛之故。父親教學之餘，常在假日裡帶著我徜徉於鄉野田間，他仰望白雲悠悠的天空，心情似乎很好，詩句便從他嘴裡溜出，有時他也教我唸詩：「雲淡風輕近午天，傍花隨柳過前川；時人不識余心樂，將謂偷閒學少年。」或是：「心水雲影閒相照，林下泉聲靜自來。」我只是跟著唸，當時的我，不求甚解，但因此，我開始喜歡吟詩，也喜歡看雲。

不久，戰亂瀕臨，我們逃避到山坳裡舅父的田莊，父親賦閒在家，他變得鬱鬱寡歡，整日埋首典籍中，偶爾也帶我去山頂看雲，在寒天雪地中，他望雲長嘆，幽幽吟哦：「雲橫秦嶺家何在，雪擁藍關馬不前。」

後來，父親設法托人送我到戰時的大後方唸書，在離鄉背井的日子裡，我逐漸成長，思鄉之情啃嚙年少的心，我常常獨自漫步校園，遙望白雲深處，鄉關何在？那分悽楚使我眞正了解到父親在逃難時看雲的心情，落寞和無奈！

及至步入作夢的年齡，腦子裡滿是幻想，新文學的思潮影響了我，而傾向於新詩。我喜歡徐志摩的那首「偶然」，「我是天空裡的一片雲，偶爾投影在你的波心，你不必訝異，無須歡欣，在轉瞬間消滅了蹤影，……。」我幻想自己是一片雲，優游於天地間，或飄浮山巒，或停駐水湄，悠閒自在，怡然恬適。

人到中年，心境上難免有些轉變，較爲潛沈實際，希望在事業上稍有成就，希望有個安逸的家。但「哀樂中年」總有幾許感傷的意味，中年人的心靈似乎比較脆弱敏感，少年時許多賞心樂事，到中年時回憶起來，也許會笑，也許會哭，可是不論笑或哭，都會激起思念有種甜美之感；少年時對於橫逆不如意事往往會有反抗心理，但到中年卻多半能默然承受。因此偶看天光雲影共徘徊，心境是寧靜的，固然也引發些微的悵惘，輕淺的哀愁，可是這一絲絲悵惘與哀愁，卻適足以豐富人生，增加智慧，使人領悟生活的意義，生命的價值，懂得天地間不變的眞理——愛，所以中年人的心應當是慈藹溫厚的，仰天看雲，自有一種安定祥和之意。

怕老的心情一般人都會有，但人生之有老年，正如時序之有寒冬，乃自然的進程，只要心理上保持年輕，又何懼之有！正是「行到水窮處，坐看雲起時。」生命是豐富的，人生的歲月需要各自去經營，年老並不可悲，只要懂得如何去調適生活，未嘗不是一樣有情趣，有意義呢！

如今，雖漸入老境，仍然喜歡看雲，喜歡它的飄逸灑脫，喜歡它的清明淡雅，也喜歡它的神秘幽遠，在看雲時，更學習它的豁達安閒，以及可以包容世間所有清濁的氣度和胸襟。

人生也許像雲一樣，聚散無常，變幻多端，只要我們能在迷思中尋求清醒，浮盪中尋求穩定，沈鬱中尋求奮進，即使處於動亂的世局、混淆不清的環境，依然可以擁有一顆澄明的心，一片屬於自己的雲天美景。

微物饒情趣

一些小小的物品，常常帶給我莫大的樂趣。

童年時，在縣城教書的父親，每個週末回家，偶爾會買幾件小玩意給我，如陶瓷製的小狗、小貓、小白兔，或是橡皮製的小洋娃娃等，他笑瞇瞇地問：「喜歡嗎？」我滿心高興的回答：「喜歡，喜歡。」捧著它們，愛不釋手，多麼可愛的小玩意啊！

父親爲了滿足女兒的喜愛，送給我的小物品逐漸增多，我將它們安置在書房中玻璃櫃的一個角落。那長長的櫃子裡，滿滿排列著的有線裝的經典古籍，和當代學者作家的著述，以及一些通俗的歷史傳奇故事書；平日，父親不在家時，書房是屬於我的王國，放學後便鑽進書房裡，一頭埋在書叢中，找出自己稍稍讀得懂的來看。疲倦了就搬出我那些小玩意，擺在桌子上，仔細端詳，或是拿在手上把玩：一對小木偶、一組彩色玻璃珠、小小餐具和桌椅、小熊、小馬等等，每一件都是我的最愛，是我的最佳夥伴。

小小的物品伴著我度過了無憂的童年，和青澀的少年歲月，我珍愛它們似寶，及至在時局混亂中遠離家鄉，奔赴台灣，無法攜帶那些「最愛」，眞是心痛的割捨，許久許久不能釋懷。

隨著年歲的增長，我對小物品的喜愛未曾稍減。婚後生活安定下來，上菜市場買菜或商店購物，當我發現攤販有賣小玩意，不禁意外驚喜，雖然當時經濟拮据，仍不免購買一兩件。

近二十年來，台灣社會日漸繁榮，經濟起飛，大家生活豐裕，出國觀光者衆多，我也有能力到國外去旅遊了，常見一些富翁富婆的同胞採購勞力士手錶、鑽戒和珠寶，我卻視若無睹，唯有對當地的小小紀念物、富民族色彩的工藝品，情有獨鍾，喜歡得不得了。

我家客廳的櫥櫃裡，裝點的不是酒，而是從各地帶回的小玩意。在紐約買了一座自由女神像，在巴黎買了一支拿破倫的劍，以及義大利的比薩斜塔，荷蘭的風車與木鞋，奧地利身著裙裝的男女舞者，還有泰國的象，菲律賓的貝殼器皿，和其他許多紀念品，不勝枚舉，都比眞實的縮小了不知多少倍，但形態卻一模一樣。

我也喜歡收集一些小石頭，有南京的雨花石、巴西及南非的各類奇石，並以不同色調的原石雕鑿的小鳥、小人、小動物，看來栩栩如生，煞是可愛。

儘管如今已鬢髮飛霜，我對小玩意仍然一往情深，偶與朋友們逛街，進入百貨公司或藝品店，我的眼睛特別專注於搜尋一些小物品，見到喜歡的，買了下來，頓時有著說不出的快樂。

有時在家獨坐斗室，感受寂寞無聊，不自覺地便會踱向客廳，面對橱櫃裡的「最愛」一一巡視，欣賞品味，禁不住要拿出來幾件，像小時候一樣，握在掌中摩娑把玩，於是湧起一波波的回憶，追溯購買時的情景，往往在腦際迴旋，好多有趣和感人的事情重又浮現，不僅排遣了寂寞，無聊也消除了。

對我來說，擁有這些小小物品，覺得非常快樂和滿足，這種心靈的滿足與快樂，遠勝過物質的享受。我的人生亦復如此，不貪求巨大貴重的東西，最愛一些小玩意，足以自娛，也增添了生活情趣，深深感到活著無限美好，怡然自得。

閒情

觀賞畫展

我雖不懂得繪畫，卻喜歡觀畫，閒時看畫展是生活情趣的享受。臺北不少畫廊，經常有各類畫展；但我較常去的地方是歷史博物館和省立博物館，這或許因爲離家頗近之故，不過有時我也會去較遠的故宮博物院觀畫。說不出是什麼原因，我偏愛國畫，可能個性好靜，連帶的也就喜歡國畫那種幽靜恬淡的意境吧！

當我站在畫前，不自覺地便融入畫中，慢慢地去領略其中意味；國畫不只是表面形象的美感，更是涵泳著詩情和哲理，一幅好的國畫，幾乎蘊含了人生的悟境，隱喻了作畫者心中對理想人生的追尋；國畫常表現出一種超脫的氣韻，無視於現實榮華而嚮往精神生活的昇華。仔細觀畫時，心領神會之餘，自然也會與作者產生心靈的共鳴，在純樸自然的感覺上而遠離塵囂，飄然物外。

國畫無論是山水、花鳥，都具有我們民族思想的特質，不獨在於色彩與構圖等單純的視覺感觸，實際上是屬於哲學領域的精神活動，很容易感受到其中的情致，尤其是中國的山水畫，所追求的大都是萬物淨化的無聲世界，讓我們透過表層去體會深邃的內涵，拋開權勢利祿的紛爭與牽絆，進入一個美與善的幽邈境界。

在故宮博物院觀賞中國古畫，更驚嘆於我國悠遠的藝術光華，那種藉藝術而表達的溫柔敦厚，雅緻與含蓄，使我深深地感受到濃郁的中國文化的馨香，內心油然滋生絲絲暖意。

漫步書店街

由於有愛書之癖，閒時便會乘車前往書市，我常獨自漫步於重慶南路的書店街；有些店面雖已老舊，但仍書香四溢，有種與其他商店不同的氣氛。我悠然自得地進進出出，一家又一家地瀏覽，尋尋覓覓，若是發現到自己喜愛的書，便如獲至寶，立即買來，從未在花錢買書上斤斤計較；假如買件漂亮衣服，我倒是要幾番思量、考慮，說不定最後還是捨不得。

對於買書，我是十分捨得的，記得初來臺灣那段時期，物質生活相當艱苦，外子和我一樣，也是愛書人，因而在有限的生活費用中，總要抽出一點錢來買書。我們覺得書就是財富，沈醉於書裡，全然忘我，樂在其中；好書能使我們享受到心靈的滋潤，提升精神生活，且使我們對生命的意義，人生的價值，有所領悟；即使在現實生活中遭遇到困頓和挫折，也不致頹然倒下，胸中自有一股力量去突破困局，開創新境。

近年臺灣社會經濟繁榮，我們的生活大大改善，除豐衣足食外，還有多餘的錢作爲娛樂費用，買書可以隨心所欲，不像以往視爲一種奢求了，於是我也更加喜歡逛書市，每次多少要買幾本書帶回家來。現今出版事業蓬勃發達，各類書籍源源不斷推出，這眞是現代人的幸運。

漫步書店街對我來說是很大的樂趣，除了重慶南路之外，偶而我也到汀州路的金石堂文化廣場轉一圈，那兒常舉辦新書發表會或演講，展示動態的文化。我認爲經營書店的人大多溫和可親，店主比較沒有市儈氣，或許是長時期書香的浸潤，而不致面目可憎，盛氣凌人吧！至少我還沒有碰到過兇神惡煞的書店老闆，買賣之間都能和和氣氣，所以從書店出來，臂下夾著心愛的書，即使外面寒風冷雨，心頭仍有著溫煦之感。

逛假日花市

家距民衆團體活動中心的假日花市不遠，車程十多分鐘可到，星期天，只要有花展，不論下雨或天晴，我都要去假日花市看看，投入那無數繽紛的芬芳中。

自幼就喜歡花花草草，童年時，經常隨同父親徜徉於自家的花圃中，也幫忙澆水除蟲；父親告訴我如何栽培，如何施肥，以及插枝壓條等園藝方面的常識。從事教育工作的父親常對我說，樹木花草都有生命，我們培植灌溉眼見它們成長將激起內心的愉悅，和感受到耕耘後得到收穫的安慰，這與教育事業有著異曲同工之妙。

父親對園藝的興趣影響了我。直到現在，我對花木的喜愛未曾稍減，不管居住何處，總會設法種植一些花木，使之美化環境，怡悅心靈。

閱報獲知假日花市展出各種花卉，並隨著季節的遞嬗而變換，呈現萬紫千紅綺麗的生命，愛花的人豈可放棄這看花的機會。

走進假日花市，到處都是看花人，面對著煥然燦開的花朵，如同嬌美的笑靨，一片青春氣息，匯聚成喜悅的蓬勃生機，令人賞心悅目，滿懷溫馨，雖在冬天，也了無寒意。

我對花木的喜愛毫無選擇，固然愛梅花的高潔，蘭花的幽香，水仙的清雅，也愛菊花的孤傲，杜鵑花的燦爛，一品紅的明豔，還有許多知名和不知名的花，它們各自有著動人的色澤、美妙的姿態及沁人的芬芳，我都喜愛。花把我們的世界裝點得光鮮亮麗、色彩繽紛，充滿愛與美，洋溢著溫情。

看了許許多多的花，免不了要買幾株攜回。手上捧著鮮麗的花枝，芳香撲鼻，心中滿溢快樂，猶如擁有了春天。

烹調多元化

朋友來訪時，我能端出幾道菜肴宴客，且獲得讚賞，全是得自母親的傳授。

年少時，每當家中廚房菜香四溢，我便立刻跑進去站在爐灶邊，母親總是做好一道菜便挑一筷子塞住我的饞嘴，一面說：「不要盡管吃，姑娘家要學會做菜，將來結婚了才能下廚做羹湯喔！」

其實母親未曾認眞教我，只是天長日久，我這爐灶邊的觀摹者，多少有了一點心得，將母親的菜式和配料等，都存檔在腦子裡了。不過母親也說過，做菜要自己費點心思，有時換換花樣，不要一成不變。

婚後，我變成家庭「煮婦」，燒飯做菜是理所當然的事。先生好客，經常帶了三朋四友來家裡便餐，當年不作興上館子，也是經濟情況不允許，都在家中宴客；說是便餐，總得有幾道像樣的菜；於是，記憶中母親的菜出爐了，珍珠丸子、紅燒鯉魚、粉蒸排骨、豆干辣椒炒肉絲，外加兩樣蔬菜及一大碗榨菜粉絲蛋花湯，倒也吃得客人們點頭晃腦，連聲讚美。

過後想想我做的這些菜都不出母親的模式，毫無自己的創意。有天，在雜誌上讀到篇短文，其中提到美國作家海明威在文壇上如日中天之時，一位仰慕他的年輕作者向他請教：「我要怎樣寫才能像你一樣。」海明威回答：「你不要像我，最重要的是要像你自己，創作應該有自己的風格。」做菜也是一樣，母親說的變換一下花樣，不就是要求創新嗎？

時代不斷的進步，社會多元化，連做菜也多元化了，營養專家建議，做菜不要單一化，那就是豆腐不要只是豆腐，可以加些其他菜，如筍片、紅蘿蔔片、木耳或香菇，一起燒煮，不僅色、香、味俱全，且包含多種營養成分，對健康有益，其他類推，或許眞需要一點巧心慧思，用創意去開拓，豐富其中的品味。

現代人普遍注意保健，講究多吃蔬菜水果，少吃含膽固醇及高脂肪食物。本來嘛，「青蔬滋味長」，久吃亦不會生厭，而酒店一席數萬元之大餐，吃下去說不定有損健康，何苦來哉！

記得以前母親做的家常菜，也以清淡爲主，尤其炎夏期間，她喜歡做些涼拌菜，是我們最愛吃的。許多菜都可以涼拌，豆芽、青菜在開水中燙一下撈出來，涼了以後，淋上麻油、醬油、醋和蒜末，即可上桌；宴客時則少不了一道涼拌三絲，是以紅蘿蔔絲、小黃瓜絲加上芹菜組合而成，色澤鮮美，爽脆可口。

我如今做的涼拌菜，卻變換了幾樣菜色，也加了一點料，自創其名為涼拌五絲，那就是蔥絲、紅蘿蔔絲、冬粉絲、雞肉絲和薑絲。將洗淨的蔥和紅蘿蔔切成細絲，冬粉絲（通常用龍口粉絲）煮熟後用涼開水沖過，雞胸肉不要煮得太老，待涼後撕成一絲絲（不可用刀切），合起來放在一個大盤內，灑少許鹽拌一拌，再加進嫩黃的薑絲。薑必須先泡製，買來的嫩薑洗淨瀝乾水後，以鹽醃約一小時，再放入糖和醋泡在大玻璃瓶中，數日後可食，其味極佳，單獨以甜酸薑佐餐可增食慾，切成細絲與其他菜混和，加進佐料麻油、醋、蒜一起涼拌，十分美味。

這道涼拌五絲，我另外還添加一些炒熟去皮的花生米（超級市場可買到），使之特別香脆爽口，而且頗富營養（含維生素、蛋白質等），價廉味美，四季皆宜。不僅家人一致歡迎，朋友們嚐過的都說：「太好吃了，勝過山珍海味。」

果真如此，我更應該公開這道私房菜，好讓大家分享。

山中訪友

去年秋天，應文友露莎姊之邀，曾去烏來山中她的居所造訪，留下難忘的印象。今夏她又邀我們去玩，於是與幾位文友相約，欣然前往。

原本燠熱的炎夏，由於前一天下過一場大雨，天氣變得涼爽許多；氣象預報今天仍有陣雨，並愼防豪雨，心中不禁七上八下，耽心阻礙上山的行程。早起，看看外面，天朗氣清，高高興興地趕到公館站等車，四位文友先後到來，便一同搭上前往烏來的班車。

車過新店，逐漸進入山境，一路上綠樹青山環繞，景色十分優美。途經燕子湖，從車窗外望，湖水翠碧，波光瀲灩，扁舟點點，盪漾湖中，極富詩情畫意。

繼續前行，只見山巒重疊，林木蒼鬱，在萬綠叢中，偶有繽紛花朵點綴，織成一幅錦繡大自然美景，令人心醉神馳。

烏來到了，出車站後，走不多遠，就是露莎姊的別墅，我們加速步子，登上四樓，露莎姊已在門口等候，熱忱地迎接我們進入她的居室。坐在寬敞雅緻的前廊，面對一列青山，山下是清澈的溪流，微風拂面，舒適清涼，頓覺疲累全消。我們好喜歡這幽靜的環境，都說這是「神仙居」，露莎姊含笑道：「你們常來玩嘛！」

主人端出茶點，大家品嘗香茗，吃著點心，天南地北暢談歡笑，氣氛愉悅，每個人對山居讚不絕口，幾乎不約而同的興起了「千山結廬，終老林泉」之念。

儘管早就說過，不必有勞主人準備食物，我們在外面隨便吃吃就好了，但露莎姊仍摯意烹調佳餚，並特別在專賣店叫了一道當地的特產鱒魚，可謂魚中之珍品，肉質細嫩，其味十分鮮美，我們大快朵頤，享受了一頓豐盛的午餐。

飯後在廊下休息，聊天、飽啖水果，融在任情無拘的適意中。陽臺上的盆景，花團錦簇，開得一片燦爛，芬芳沁人；置身於此山明水秀的所在，滿心恬然，何等的逍遙快樂。當露莎姊問我們要不要去山裡看瀑布，或去山巔的「雲仙樂園」一遊？大家表示不要去，寧可坐在迴廊看山看水，享受這難得的安閒。

憑窗遠眺，對面山上林樹蒼莽，綠意盎然，只覺胸懷寬暢，心靈也被綠化了，忘卻了世俗的煩憂，內心一片澄明，豁然開朗。俯望下面潺湲流淌的溪水，行吟如歌，呈現溫婉之美，也投注對人間關愛之情，它穿越亂石，奔向喧騰的人間，無私地奉獻自我；溪水是那樣無怨無悔永不止息地奔流，是希望流出一道叫人明心見性的清涼吧！但願這清澈的溪流，不要讓有些缺乏公德心的人，予以無情的污染才好。

在城市中住久了，渾身都是煙塵，偶爾來山間走一趟，呼吸清新的空氣，似乎經過洗滌一般，有種超脫之感。我聯想到人生的煩惱皆起因於對自身及欲念的執著，若能放開心懷，淡泊名利，則身心泰然，日子便會過得很安適。眞羨慕露莎姊的山居寧靜生活，在綠色的懷抱中，讀書寫作，坐對山澗溪流，靜聽天籟，怪不得她靈感如泉湧，作品源源不斷。

在酣暢的傾談中，不覺時間之流逝，看看斜陽洒在窗櫺，抹上淡淡的餘暉，天色已不早，我們才起身告辭，露莎姊又送我們每人一本她的新作「露莎信箱」，還爲大家攝影留念。

這趟山中行，不但天公作美，沒有下雨，太陽也不像往常的熾熱，我們度過一個清涼的夏日；且翠谷青山，綠水悠悠，讓我們體會到天地間萬物各有所本，各盡所能，領悟良多，深感收穫頗豐。

樂在旅遊

我常對朋友們說：「你有煩惱嗎？有痛苦嗎？或是感到生活的沈重壓力？那麼，暫且拋開這一切，去旅遊吧！旅遊會帶給你快樂。」

這是我親身的體驗，每當出去旅遊時，心情總是愉快的。旅遊是人傾聽大地吐露心聲所選擇的最好方式。而能使緊張生活得以紓緩調適的旅程可重新注入活力，使你暫時飛出是非紛爭的困擾；在驚喜、讚嘆、感懷的情緒下，欣賞綺麗的自然風景，或領略各地人民對生活所把持的不同品味。詭異的傳說，奇風異俗所蘊孕出的各類人文景觀，藝術瑰寶，都將使那久窒的心靈獲致舒暢和提昇。

數年前，與兩位好友結伴歐遊，那是第一次離家最遠且時間較長的旅行。我身體一向不是很健康，何況還有氣喘宿疾，家人都不放心，認爲有些冒險，但我堅持自己的決定。記得有人說過：「不管你要做什麼，決定了就去做吧！」如果太多顧慮，什麼也別想做了，旅行也是一樣，當然首先要選擇一家信譽可靠的旅行社，然後作妥善準備，別忘了攜帶必備藥品，於是高高興興的踏上旅程。

去過歐洲的人，大概都很難忘懷那些城市與鄉村中的優美風光，在寧靜幽雅裡，流漾著淡淡閒情，及古典的芬芳。萊茵河淒美的傳奇和兩岸葡萄園青翠景色、白朗峰終年積雪的銀色世界、羅馬廢墟史蹟斑斑、翡冷翠遺留著文藝復興時代的殘香，以及日內瓦的黃昏美景、賽納河畔的如畫風光，還有巴黎羅浮宮及倫敦大英博物館中的悠久文物，散發著遠古藝術的光華，那些曾經輝煌燦爛的史蹟，夢幻似的透過歷史的聲音從記憶中響起，使你不禁深深著迷。

想一想，那些壯麗的山川，那些浪漫、精緻文化的表徵，以及彌漫西方宗教、藝術的殿堂，都曾是夢裡駐足，多年所嚮往的境遇，一旦終能出現眼前，有著眞實親切的感受，能不爲之心動而滿懷喜悅嗎！？

除此之外，旅遊中偶然的意想不到的事情，也會在刹那間，留下難忘的回憶。

在奧地利的茵斯布魯克那個晚上，領隊問大家是否願意去看一場當地的民族歌舞表演，每人票價美金十元，團員們大都贊同。我們去時，會場中各國觀光客雲集，座無虛席，祇好進入後廳坐下。旋即表演開始，男女演員穿著顏色鮮麗富於民族風味的傳統服裝，表演歌唱和舞蹈，以及樂器的演奏。節目進行了一個多小時，沒有什麼突出或變化，實在說，遠不及我們國內民族舞蹈的精彩，但他們每位演員始終笑容滿面，熱情洋溢。表演結束前的一剎，正當觀衆準備離去，這時一位女演員走到台前，手執西德的小國旗不停地揮動，嘴裡並唱出德國的民謠，場內德國的觀光客都站起來了，響起歡呼與掌聲；緊接著又揮舞起其他國家的國旗，唱起那個國家的歌……。台下我們團員，睜大了眼，個個翹首盼待，倏忽間，看到了台上正揮動青天白日滿地紅旗幟，唱起了「梅花」，團員們不禁激動地叫出聲來：「哦！我們的國旗！」全團三十餘人一齊起立，跟著高唱「梅花梅花滿天下……」場內歡聲雷動，不停地鼓掌，我們笑得好開心，興奮得流下了眼淚。這個秀麗山城中的民族歌舞團，對於各國遊客的尊重禮遇，以及四海之內皆兄弟的人情味，出奇的安排一個如此感人場面，讓每個人的心滿溢歡樂與溫馨。

隨旅行團出遊的好處是凡事不用操心，有人代為安排，我們住的大多數是四星級以上的觀光飯店，品質符合國際水準；吃的除早餐外，領隊特別安排每日一頓中餐，一頓當地的餐食，這樣可以品嚐到各地的飲食風味，在中國餐館中則可感受同胞的溫情。記得在義大利的熱那亞，我們晚餐的飯店名叫「義華餐廳」，那位樸拙敦厚年輕的中國老闆，看到來的是國內同胞，分外親切興奮，猶如見到自己的家人一樣，立刻遞菸送茶，殷殷詢問國內情形；進餐時，他一再表示：菜式恐怕不合口味，因爲有些作料這兒買不到，但希望各位能吃飽。飯後，又爲每桌送上一盤在旅途中不易吃到的西瓜。當我們離開餐廳上了巴士，沒想到那位老闆還趕出來送行，手裡提了一盒蛋糕遞給領隊，給大家在車上吃，一面祝福我們旅途愉快，希望日後他回臺灣時能再見到大家。在異國遇到這樣赤忱可愛的同胞，心中說不出的感動。

近二十年來，臺灣經濟繁榮，人民生活富裕，出國觀光乃稀鬆平常事，觀光客難免良莠不齊，旅途中偶爾也有些令人遺憾的事。我們乘船泛遊萊茵河時，幾乎所有的乘客都集中在甲板上，欣賞著碧綠的河水及兩岸美景，突然間，我們團中一名男團員，毫無顧忌噗的一聲，將一口濃痰吐向美麗清澈的萊茵河，站在近旁的我和兩位朋友，看在眼裡不禁大驚失色，連忙掉過頭去，只希望這醜陋的一幕，未曾被其他各國的觀光客見到。過後我們告訴了領隊，請他勸導這位仁兄，以後多注意，端正形象，不要丟中國人的臉。

原本想在阿姆斯特丹去看看名畫家雷姆布蘭特和梵谷的畫，到達倫敦後還有足夠的時間欲往劍橋一遊，卻因爲大部分團員希望逛街購物而失去了觀賞機會，心中不免懊惱徒嘆奈何！只好安慰自己，但願以後能夠再來。

如果自己組團邀一些志同道合的朋友旅行，那是最理想的。年前隨「文友合唱團」東南亞之旅，大家對音樂共同愛好，彼此心靈契合，一路唱歌，一路遊玩，其樂融融。無論是參觀文物展覽，或是購買紀念品，或是遊山玩水，興趣不會有太大差別，意見易於溝通，不致有所衝突。所以我認爲在經濟能力許可之下，人若能享有意志上和身體上的自由，又有「暢談終宵猶嫌短，沈默竟日意相還」的友伴同遊，實乃人生最大樂事。

時代的進步、科技的發達帶給人們生活上諸多享受，觀光旅遊業者正快速成長中，但愉快的旅遊，光憑好的旅行社是不夠的，還需要配合具有道德觀的旅遊者的自我提昇，以及相互包容的襟懷。

卷二　人間溫馨

作者（中）與家人溫馨相聚

多少溫馨多少愛

愛是他們的護身符

走進屋子，看到七八個十歲左右的男女孩童，正擁著一位年輕女老師歡聲說：「我們要蓋漂亮房子，給老師住」。雖然語音不正，腔調走樣，還能讓人聽得懂。

蓋房子？我愣了一下，隨即明白過來，桌上排列著五顏六色的積木，原來老師在教孩子們用積木蓋房子。

這是天主教華光智能發展中心的啓智教室之一，該中心現有來自全省各地的男女智障學生一百餘名，年齡最小的僅五歲，最大的有五十歲，大多屬中、重度智障。他們教學編組分啓智及職前陶冶，教學著重生活自理、認知、知覺動作、適應能力等；並逐漸加強工作意願的培養，然後進行職業訓練，如畜牧、園藝、果蔬栽培，以及日常用具的製作，目的是訓練學生各項相關工作技能，使有一技之長自食其力，不僅是爲了生存，更要讓他們慢慢生活得和正常人一樣。

當我們到達另一間教室時，這裡的孩子們比較大些，約十五、六歲，他們正在捏陶土，看到我們，高興得咿咿唔唔擠上來握手，有的像頑皮孩子會扮個鬼臉，嘻嘻笑著，有的害臊顯得羞怯，有個孩子興奮地指著靠牆壁的架子，急急地要告訴我什麼，他說話有些聽不太清楚，老師在一旁解釋：「他是請您看看他們製作的陶藝成品。」我走過去，只見架子上陳列著瓶瓶罐罐的許多陶品，看來有模有樣，「還眞不錯呢！」我讚嘆著。老師對我說：「雖然這些孩子的智力停滯在幼年時期，只要有適當的教育和愛護，他們是會發揮潛力的。」

正預備離去，驀地，有個孩子跑來要拉住我，陪我們進來的職員連忙擁他到身邊：「不要這樣，客人有事要回去了。」孩子緊抱著那位職員，一逕地吵嚷，職員拍拍他的背，摸摸他的頭，耐心地哄他，孩子才肯放手，但眼裡盈滿淚水，神色悵然。

和他們揮手再見，一股酸楚在胸臆間激盪。

出來後那位職員告訴我：「剛才那孩子很熱情，每次有客人來，他總是高興得不得了，客人離開時，便哭嚷著不要人家走，因爲他知道來這裡看他們的人，都是關懷他們的，這些孩子需要關懷，其實他們心中也有愛。」

「的確，他們最需要的是關懷。」走在身旁的一位老師提到中心有位學生，經過職業訓練後，被介紹到一家麵包店工作，她定期安排時間去看他，可是幾次見面，那學生很少說話，而且露出不安的眼神。老師有些惶恐起來，覺得所謂「輔導」並未收到效果，心裡很難過，回中心請教同事，自己也經一番思考，再去看他時，她不說什麼，也不去教他該怎麼做事，只要他帶她去宿舍看看，瞭解一下他的生活情形，有何需要？學生很高興老師關心他的生活，頓時變得挺愛說話，娓娓道出他工作的情況，忍耐、堅持、努力。之後師生間相處，彼此的感覺和默契都很接近，經過四年的磨練，現在那學生已是二手師父了，部門師父不在時，他就是第一號的代理人。老師有股說不出的感動和欣慰，以一個智障者來說，能有這樣的成績，雖然仍不算是頂尖，但已經相當不容易了。

最後她表示：這些孩子們需要愛，愛就是眞正關心他們，愛是他們的護身符，使他們有安全感，對未來才有美好的憧憬與積極的期盼；使他們在坎坷的人生道上，發揮最大的生命潛能。

夕陽依然璀璨

午後的冬陽臨照著眼前美輪美奐的樓房，有種溫暖的感覺。現代化的建築，四周環境優美，極具觀光飯店規模，實際上這是座敬老院——私立桃園仁愛之家。

樓房各層中分別有雙人套房及單人套房，床、桌、沙發等設備完善。站在套房外的陽台上，倚欄眺望，遠山近樹，一片蒼翠；前後庭園，花木扶疏，噴水魚池，景觀幽雅，是老人修身安養的好所在。

這裡的社工人員告訴我們，目前安養的老人有自費與公費之分，自費按個別差異彈性收費；但凡低收入戶民眾，年滿六十以上，經政府機關證明孤苦無依、身心正常者可以免費，費用由政府負擔。

從樓上下來，在走廊上遇到一位午睡剛起來的老太太，她揉揉眼睛詫異地問：「找人嗎？」

「不，只是來看看。」我笑著說：「或許以後也會申請來這裡住呢！」

「好哦！」她和藹的笑容看起來慈祥可愛，顯得很親切：「這裡環境不錯，原先我也沒想到要住老人院，前年老伴去世，兩個孩子又在國外，我一個人太孤單，就來這裡啦。」

「還習慣嗎？」

「早就習慣了。」她神情愉悅，對目前處境頗爲滿意：「這裡就像一個大家庭，平日服務人員帶領我們一起活動，打太極拳、唱歌、跳土風舞，還練習書法、學國畫，生活過得很充實的。」

隨後我走到庭院，經過噴水池旁，一位白髮長者正坐在靠椅上看書，他是那麼專注，不便過去打擾，看他紅光滿面，身體健朗，想來心情必然也很開朗。

和一位服務人員聊天，問他怎麼想到來仁愛之家工作？他說在大學裡唸的是社工系，來這裡服務可說是學以致用，又因爲他的父母已過世，感嘆「子欲養而親不在」，是對父母愛的轉化吧，他喜歡幫老年人做事，使老年人活得康寧、活得有尊嚴，讓他們的晚年不要灰黯無光。

老年人獲得妥善照顧，加之自我的調適，便會生活得安適快樂，雖然面臨黃昏晚境，但夕陽依然璀璨，仍可放出最後的光華。

溫馨滿懷

每次和朋友們見面談起話來，都說現在社會太亂，人心愈來愈壞，變得冷漠無情，令人失望，感到深沈的悲哀。聽到好多人埋怨這、埋怨那，憤憤不平，我內心也失去了自信。其實天地間有許多美好的事物，有溫情散播，或者我們沒有看到，或者沒有聽見，也或者已經遺忘。參加內政部舉辦的社會福利機構參觀活動，同行的有文藝界及許多宗教界人士，兩天來的所見所聞，使我收穫豐碩，在大家經驗分享中，我知道了很多以前所不知道的事情。

爲了追求更人性、和諧、進步的生活方式與生存空間，政府對於社會福利事業一直默默的盡力在做，以內政部社會司的福利措施來說，每年補助地方上各種福利機構的費用即在數十億之多，而直接的照顧低收入、殘障、兒童、少年、老人等，使用的預算更爲可觀，目的是希望大家生活過得好，建設安和樂利的社會。

此外，社會福利事業方面，有不少民間愛心人士參與，宗教界服務尤多，無論佛教、天主教、基督教等，他們不止於出世的自身修持，更入世的關心廣大衆生，他們以悲憫情懷，去造福人群，期使家庭美滿，社會祥和；宗教界無我無私的奉獻，但求保有人間淨土，共享生命的尊嚴。

人世的溫情有時得靠自己去尋找，也需靠我們自己去散播。此刻，我心中只有感激和感動，失去的自信又復甦了，越過荒漠的心原，看見了綠洲，希望之光在前面閃亮，頓感溫馨滿懷，生命似乎又重新豐富起來。

拜訪親家

在人際關係日漸疏遠的現代社會中，所謂親家幾乎形同陌路，兒女婚嫁之後，親家早丟到一邊了，眞乃名副其實的「過河拆橋」，不需有什麼往來。

有位朋友說，她稱呼親家母仍然是「×太太」。

「這怎麼可以？」我感到詫異：「雙方都已成爲親戚，稱呼當然要遵照禮俗。」

「管它什麼禮俗。」朋友理直氣壯：「我不習慣叫親家母。雖然女兒嫁給她兒子，可是我和她又不熟悉，還是叫×太太比較自然。」

對於這位朋友的瀟灑性格，我是甘拜下風。

不過，首次要到親家的家中拜訪，我也有些猶豫不決。

去年夏天，兒子和他的女朋友戀愛成熟，準備訂婚，他們徵求我的意思。兒子的女朋友我已見過幾次，長得清清秀秀，溫柔懂禮，在一家醫院擔任護理工作，我覺得很滿意，當然最重要的還是兒子滿意，他們兩情相悅，我沒有什麼不贊同的。

準媳婦家住南部，在新營市附近的後壁鄉，兒子當初擔心我對地域性有偏差觀念，其實只要人好就好，哪地方都一樣，外省籍和本省籍聯姻的很多，套句大家常說的話：「都是中國人嘛！」不必分外地或本土。

我和親家及親家母見兩次面，是在兒子媳婦訂婚及結婚的喜宴上，同坐一席講話卻不多，主要的是我不會講閩南語，而親家他們的國語也不十分靈光。儘管如此，我對他們卻有一份發自內心的親切感，他們雖出身農村，但談吐頗爲得體，穿著樸素大方，滿臉誠懇的笑容，淳厚而善良。後來據媳婦告訴我，她父母對我也有佳評，說我待人眞誠，和善開朗，彼此留下了好印象，想來以後容易相處。所以當親家母再三在電話中邀請我到她家裡去玩，我便欣然答應了。

過後又躊躇起來，到底要不要去呢？憶及二十多年前，曾和朋友們到過臺灣鄉下的農村，低矮的房屋旁邊就是豬欄，廁所也在那裡，甚至有的還放一隻尿桶在臥房，臭味隨風飄送，衛生條件實在太差，就像前年我回大陸探親在鄉村所見的一樣。我不便將心中疑慮向媳婦傾吐，只說：「恐怕言語不能溝通，會感到尷尬吧！」

「不會啦。」媳婦微笑著：「我爸爸媽媽國語講不太好，但可以聽得懂，他們眞的好希望媽媽去玩哦！」

「去嘛，去嘛。」兒子在一旁慫恿：「南部天氣好，我和淑惠各請一天假，陪媽媽去玩玩，這個週末去，下星期一就回來。」

「好吧。」決定去拜訪親家，兒子媳婦都很高興。

那天，臺北的天空飄著細雨，正值寒流來襲，冷颼颼的，我們穿著厚重的大衣出門，兒子開車駛向南下的高速公路，車窗外的景物在濛濛細雨中顯得一片模糊。過臺中後雨已停，陽光透過雲層露出了笑臉，繼續南行，氣溫漸漸升高，路旁風景清晰的呈現眼簾，綠意盎然，花木繁茂，南部的早春已是如此明媚，令人頓感身心溫暖舒暢。

車下高速公路後轉往新營市，再往後壁鄉駛去，沒想到鄉村的道路也和大馬路一樣寬敞平坦，而四周的農舍大都改建爲西式樓房，鄉村中小型商店林立，購買日用品極爲方便，看來政府推行鄉村都市化果然頗具成效。我眞是井底之蛙，平日孤陋寡聞，竟然還疑慮臺灣農村仍是數十年前的模樣。在突飛猛進的經濟奇蹟中，各方面進步多麼神速啊！

我們的車子停在福安村一棟三層樓房的門前，媳婦告訴我這是他們家前兩年才蓋好的新屋，以前的舊居就在斜對面。我下車舉眼望向左前方，那是座老式的四合院磚房，現已破舊，但對我有著似曾相識的感覺，童年時在大陸故鄉居住的老屋也是這種型式。

親家和親家母聞聲出來歡迎，親家母過來緊握住我的手，眞摯熱忱溢於言表，將我迎進地面鋪著大理石的寬敞客廳，明亮的落地窗垂掛著淺藍色窗帘，室內顯得很柔和，黑色的眞皮沙發，三十二吋的電視機，牆壁上掛有字畫，靠窗處擺著兩盆觀葉植物，氣派之外尚有一份雅致，今日臺灣的農家豈止富裕，生活品質也提高了。我不禁脫口讚道：「親家的房子好漂亮啊！」

「那裡，那裡。」親家謙誠地說：「我們鄉下，房屋沒有什麼裝潢，恐怕比臺北差多啦。」

親家他們沒有到過我臺北的家，早年我們買的公寓房屋，比起他們目前情形，實在寒酸。親家的房屋建坪約八十餘坪，一樓是客廳、飯廳以及廚房、洗手間；二樓是主臥室及一間和室，三樓有兩間臥室，每個房間都很大，採光度極佳，佈置得也頗爲新穎大方；頂樓是陽台，各樓都有衛生設備，另外門外還有車篷，可以停放兩部汽車。在寸土寸金的臺北，作爲公教人員的薪水階級，那裡能擁有如此廣闊的空間。親家他們自己有土地，當然便可任憑運用了。

媳婦的哥哥工專畢業後，和朋友在臺中開一家電器行，弟弟去年剛考入輔仁大學，家中僅親家兩老，他們的田地目前請人代耕，自己則和親戚在新營市開家具行，生意不錯。兩老最歡迎有客人來家裡，我們去了視爲上賓，同時親家覺得有位唸了博士的女婿是極光彩的，對我們殷勤招待，無微不至。

晚間我和兒子媳婦分別住三樓的臥室，我這間原是媳婦弟弟住的，室內設備淡雅宜人，可以看出床上被褥枕巾都是新換上的，我扭亮了床頭櫃上的檯燈，從書架上抽出一本「古文觀止」，斜倚在枕上閱讀起來。

不一會，親家母敲門進來，我立刻坐起身子。她手上端著一盤點心，有核桃仁、腰果、鳳梨酥等，還有一個保暖杯。笑盈盈地對我說：「我泡了上好的凍頂烏龍茶，親家母餓了可以吃些點心，喝喝茶。」

「哦，謝謝。晚餐那麼豐富，我吃得太飽了，其實不必再麻煩……。」

「看書看得晚，會餓的。」親家母好細心。

夜深了，我獨自沈思著，原來生活在兩個不同的世界，竟也有相同的泉源，那就是純眞善良的天性，可使陌生的心彼此契合。

我享受了一個溫馨、祥和、恬適而寧靜的鄉村之夜。

早晨，我被遠近的雞鳴聲喚醒，此刻陽光透過窗口照耀得一片金黃，有如置身在開滿向日葵的原野，一種溫暖幸福的華美感覺湧進心頭。

上午兒子媳婦陪同我到村子各處瀏覽，只見每家的房屋都相當講究，有的三層樓房，有的兩層，也有平房，即使古厝，也經過整修，周圍道路都很潔淨，城鄉差距已逐漸縮短於無形。

午後的陽光更爲亮麗，親家駕駛他那部日製旅行車，載著我們去遊附近的白河水庫及關子嶺，徜徉於山間水湄，陶醉在大自然無盡美景中，心曠神怡，有超塵脫俗之感。

短短的相聚是一次愉快的融會，離開時我竟然有些依依難捨，難捨的是眞誠的人情、純樸的風味、甜美的感覺。因此當親家他們一再說：「以後請再來玩啊！」

我連連回答：「好，一定，一定。」

北上的歸途，陽光伴隨著我們，心中暖洋洋的，但願將溫暖的陽光帶到陰冷的臺北。

天使的心

孩子，我不知道你的名字，因爲你我素不相識，關於你，我是從一位醫師口中聽來的。

那天，暮春的午後，你因大量吐血被送到醫院的急診室，你父母惶恐焦急的哭泣著。値班的彭大夫是小兒外科專科醫師，立即爲你作緊急處理，先止住血，隨後再做超音波及電腦斷層掃描，檢查診斷出你患的竟然是肝癌，而且腫瘤相當大，有內出血，十分嚴重。

雖然醫師知道你的情形並不樂觀，症狀無法換肝，但他一心想挽救你的生命，正確說是要延長生命，他盡力爲你作適當的手術治療，加以藥物控制，你暫時獲得穩定。

在住院期間，醫師稱讚你是個聽話合作的小病人，無論服藥打針，從不抗拒，你清秀的面容總是漾著微笑，一雙慧黠的眼睛大而灼亮。「眞是個可愛的孩子！」彭大夫是你的主治醫師，從進院以後每天都和你接觸，他喜愛你就如同自己的孩子，他的兒子和你一樣也唸國中一年級，多麼希望你能好起來。

出院時，你滿懷高興又可回學校上課了，因爲你一直惦記著耽誤功課。你父親告訴彭大夫，你很用功唸書，每學期的成績都在前三名之內。醫師叮嚀你不要太累，需多休息，你以信任的眼睛諦視醫師：「我的病已好了吧！」

醫師不知如何回答你，仍裝出笑容對你說：「要聽話，好好保養身體，慢慢會好的。」

「謝謝醫生叔叔！」你童稚的聲音滿溢喜悅。

想來，你對生命是多麼熱愛，在你小小的腦海中，憧憬未來，或者已畫出美麗的藍圖。然而，一個夏日的清晨，你因腹部疼痛加劇又被送進醫院，離上次出院的時間不到兩個月。

你父親堅持請彭大夫爲你治療，其實這是你的意思，你信賴這位視病猶親的醫師。背著你的面，你父親憂心如焚的問醫師：「彭大大，這孩子還有救嗎？求求您救救他。」

「我也很難過，當初你們送他來時已太遲了。」醫師誠懇地說：「我會盡力的。」

你父親悔恨自責：「爲什麼沒有早些發現？沒有及早送醫院檢查！」

「這種病早期沒有什麼跡象，是很難發現的。我們現在最重要的是讓孩子快快樂樂過這段日子。」

在醫院注射點滴，加以化學藥物治療，你的病情慢慢好轉，又變得活潑起來，和同病房的小朋友一起談笑，甚至還幫忙照顧小病友。

當你覺得好起來的時候，便迫不及待的要回學校上課，你要趕著參加期末考，事實上你在住院時並不忘溫習功課，希望保持著一貫優異的成績。

醫師悄悄同你父母說：「他會好一陣子，讓他做他喜歡的事吧！」

你隨同父母歡歡喜喜地走出醫院，又怎知你的父母和主治醫師都極力隱忍著暗地心痛。

炎夏過去已到涼秋，你進出醫院好幾次，病情未見起色，反而日漸惡化，醫院方面爲你用最新藥物亦無法圍堵那擴散的癌細胞。你形體漸消瘦，精神漸渙散，不能再赴校上課，只得辦理休學。

你父親含淚告訴醫師：「可憐的孩子，他念念不忘自己的學業，躺在病床上還打起精神看書。」

初冬，寒風乍起，大地景色呈現一片肅殺，你又來到了醫院，裹著厚重的外套，衣領外露出的臉龐更見瘦削，一雙眼睛更大了，卻失去了原有的光彩。醫師看著你，內心有著難言的痛楚和無奈，他也不知如何去寬慰你哀傷的父母。

醫師暗自忖量，你這次是否能如往常一樣安然走出醫院呢？只怕很難。仍繼續爲你注射點滴，但他知道沒有多大效用了。十多年來，他醫治過無數病童，眼見病況轉危爲安，心中著實有幾許成就感，而現在面對你將一天天走向死亡，卻束手無策，從未有過如此的無力感。

那天上午，醫師照例來查病房，他走到你的床前，見你閉著眼睛在休息，他俯身愛憐地輕輕摸著你的頭。驀然，你睜開眼，似乎以最大的勇氣發出微弱的聲音：「有件事請求醫生叔叔，你一定要答應我。」

「我會的。你說吧！」

「我想我恐怕不會好了，醫生叔叔已盡了力，一定是我的病太難治，沒有辦法，我覺得好像快要死了。在學校聽到老師提起過，死後捐贈器官是件好事，可以救活別人，這樣自己的器官還存在別人身體內，生命就能延續，是很有意義的，醫生叔叔，你說是不是？我想了很久，決定死了以後把好的器官贈送給需要的人，請醫生叔叔幫我完成這個願望。」

醫師聽你這麼說，頓然愣住了。孩子，你才十三歲，在預感生命的火花已燃至盡頭時，竟是這般冷靜從容，拼著剩餘的一口氣毫無猶豫的表達出你的愛心，你擁抱生命的熱情令醫師感動不已。但他不能貿然答應，你還小，必須徵求父母的同意。

這時，一直守在病房看護你的父母，走了過來，站在床邊，醫師重複一遍你說的話，你的父母默然不語，他們逕自流著淚，你的母親更是嚶嚶啜泣。

你似乎震顫了一下，開口吃力說：「爸，媽，請你們答應吧！我把器官捐贈給人家，你們以後看到那得到我器官活著的人，就像看到我一樣。」

你父母緊握著你的手，淚痕滿面點了點頭。

你的嘴角露出了微笑。

醫師說到這裡，已淚盈滿眶，他哽咽著：「這孩子有一顆天使的心。」

陌生的我，聽後也禁不住落淚。

孩子，你的確像天使一般，你要向世人宣告，以自身爲生命之愛作了最好的詮釋。

遙遠的鄉情

若不是爲了探親，思念女兒和外孫，我不會萬里迢迢經二十多個小時的航程，飛去遙遠的南美。但到達巴西之後，才知道原來那裡的中國人很多，眞正讓人感到「鄉情遍四海，華人滿天下」的親切。

那天，我隨同女兒女婿應邀參觀一位僑胞石先生的農莊。從聖保羅市驅車前往農莊約需一個多小時，下了高速公路，車子駛向山區，在蜿蜒曲折的鄉間道路上前行，叢山之中左彎右轉才看到房屋，及至到達主人家的屋前，下車後舉目四眺，方知可眞是一處世外桃源，遠近山脈連綿，周圍綠樹環繞，野花繽紛，門外一片青翠的草坪，多麼優美寧靜的環境，遠離了喧囂的市聲和煙塵，深得山居的靈氣。

我正在讚嘆，主人夫婦已出來迎迓，他們像接待親人般的興奮，熱忱地迎我們進入室內，客廳設備雅致而潔淨，一色的原木家具，牆壁則是石塊砌成，有著古拙的風味。

「這裡眞好，別有洞天！」我好喜歡他們簡樸的居室。

「是個偶然的機會買下這座農莊的。」石先生含笑告訴我們，他和太太來巴西快二十年了，一直在聖保羅市開店做雜貨生意，多少積存了些錢，想在鄉間買塊土地，六年前朋友帶他來這裡探望一位老華僑，這位老僑經營農莊三十年了，卻由於他的兒子在另一城市創業有成，購置一棟大廈，請老僑夫婦搬去同住，所以決定出售農莊，條件是希望賣給中國人。

石先生當初一見這農莊就很喜歡，他說：「我看到這房子那扇樸拙的窗，窗外爬滿了藤蔓，就如同家鄉的老屋，四周環境也很像台灣的農村，便決定買下來，那位老僑由於同胞愛吧，售價很便宜。」

石太太接著說：「住在這裡我們常會有種幻覺，似乎十分接近內心懷念的鄉土，更因爲附近還住了幾戶中國人家，經常聽到華語，鄉愁也就減少許多。」

隨後主人夫婦帶我們到屋後山坡上的果園，種植了許多果樹，有蘋果、香蕉、檸檬、梨、橘、柳橙等，還有兩株蓮霧樹，石太太談起這兩株蓮霧眼裡閃動著歡欣。「巴西沒有蓮霧，前幾年我們回台灣帶來種子，種了兩次都沒成功，第三次才長起來，如今已長得這麼高大，過不久就有蓮霧吃啦！以前在家鄉的時候，我們後院也有兩株蓮霧樹。」

他們屋旁還有大片菜圃，滿園青蔬，綠得亮眼。另一邊是個池塘，鴨群在水中游來游去，悠閒自在。此情此景，彷彿回到了台灣的鄉村。

主人另外還邀請了一些鄉親好友，都陸續到齊，共二十餘人，頓時滿屋笑語聲喧，熱鬧歡騰；台灣，台灣，鄉音繚繞，彼此詢問傳遞來自祖國的訊息，關懷之情溢於言表。

午餐特別豐富，主人夫婦準備了巴西式烤肉，大串豬腿肉和牛腱及豬排骨，任由各人切割，香噴噴的烤肉沾上著料，味美無比；另有烤香腸、烤雞腿，還有園子裡採摘來現炒的鮮嫩蔬菜，以及水果沙拉等。最難得的是女主人早一天便做了蘿蔔糕，當兩大盤煎得黃橙橙的蘿蔔糕端上桌，大夥兒不禁歡呼：「哇！好喔！」「道地的家鄉味，好久沒吃到哪。」一齊舉筷，片刻，盤子已見底，每個人都大快朵頤，吃得開心，且療治了鄉愁。

餐後，聚在客廳品嘗來自台灣的凍頂烏龍茶，一面閒聊，點點滴滴，都是故鄉事，都是故園情。不知那一位女士輕輕哼起歌來，於是大家跟著唱，「中華民國頌」、「梅花」、「白雲故鄉」、「綠島小夜曲」……，歌聲裡有濃濃的鄉情，傾吐了離人的心聲。

離開農莊時，主人將預先準備好的水果，送給每家一袋，和一大顆包心菜，大家滿載而歸的不僅是香甜的果蔬，還有滿懷溫馨。

女兒告訴我，巴西僑界常有這樣的聚會活動，是爲了聯繫感情，也是藉以紓解長久羈旅異國的鄉愁。

我在巴西停留了一個多月，見到不少僑胞，他們各人開創了屬於自己的一片天空，但不論從事何種行業，居住鄉村或城市，有著不同的生活層次，卻有一點是相同的，他們都心繫祖國，對故土家園深深懷念。

當我問及他們將來是否要回歸故鄉？幾乎異口同聲回答：「當然要哪，等到兒女們長大成人，就讓他們自己闖事業吧，我們便可告老還鄉了，葉落歸根，總要回到自己的國土。」

這使我不禁想起曾在一本「光華」雜誌的扉頁上讀到：「中國，是一條奔流數千年的大河，散佈在世界各洲的中國人，不論流到何方，總不忘尋源頭。」

的確如此，以我自己來說，即使走過不少國家，遊覽過多少秀麗的湖光山色，還是回家的感覺最好；因為，一顆漂泊的心，免不了缺乏歸屬感，唯有站在自己國土上，才眞正的踏實。

謝師卡的溫馨

每年九月，愈接近教師節，我們的信箱便會一天天充實起來。今年也不例外，精美的賀卡，分別寄自國內外，都是外子教過的已畢業的學生，託綠衣使者送來的感謝與祝福。在學的學生通常則是聯合簽名，全班一卡，在教師節前送到老師手中。外子收到這些賀卡時，總是一再地閱讀卡片內溫馨的詞句，臉上堆滿笑容，沈浸於無比的歡悅滿足中。然後他遞給我：「要不要看看學生們所寫的！」

我接過來，一疊疊的翻閱。卡片上除了印著各式各樣美麗的圖形，以及燙金的祝福和感謝字句之外，卡片內還分別有著學生們的心聲，他們寫著：

「老師：我們以做您的學生爲榮，你的辛勞和愛心，織就一片溫馨的網，讓我們愉快的投入；您熱忱的奉獻精神，是我們畢生的典範。除了感激，更是無限的祝福。」

「老師：也許過去你對我的向學精神感到不夠滿意，但是將來我一定會讓你共享榮耀！我會永遠記住您給予的教益，謝謝您。」

「希望每位爲師的都能學習您『誤人子弟』的專業精神，祝您健康、快樂！永遠保有現在的熱忱繼續『誤人子弟』，這是當學生的最大『享受』。謝謝老師！」

我不禁笑了，因爲外子向來樂爲人師，他常說：「平生無大志，『誤入子弟』是專長。」此刻學生們將他的話派上了用場。

「老師：又快到教師節了，寄上一紙薄薄的賀卡，代表我的思念和感謝；當年您及師母疼愛我的心情，使我永難忘懷。」

外子在一旁指著這張卡片說：「這孩子很用功，肯求上進，現在美國加州大學進修。還記得吧？你曾做過便當給他吃的。」

我想起來了，約在三、四年前，那男孩子曾到過我們家，是外子帶他來的，看來憨厚木訥，他在書房裡找到所需要的資料便走了。後來外子跟我說，那孩子家住南部，成績很好，中午常到教師休息室找他請教問題，每次見那孩子只吃兩個麵包，喝杯開水，便這樣打發了午餐，恐怕營養不夠，要我在做便當的時候，多做一個，帶給那個學生。外子每週有兩天上下午都有課，我給他帶便當時就多帶一個，如此直到那一學期的結束。

「老師：近來安好？很懷念客歲去老師家的情景。老師的話我們都牢記心中：『在生活中我們可以放棄一些東西，唯一不可放棄的是信心和希望。』『要珍緣惜福，常懷感恩心。』

『天下人不用我的時候，我用我自己；天下人不喜歡我的時候，我喜歡我自己。能夠自重而自愛的人，必能出人頭地。』我們多麼渴望再能聆聽老師的教誨，也好喜歡吃師母做的菜，無奈工作太忙，不能前來拜謁，謹寄上此卡，謝謝老師和師母。」

記得去年的教師節，有五、六個女孩結伴來看老師，他們多數服務於大衆傳播機構，人長得可愛，口才也好，外子和大夥兒在客廳裡高談闊論，我則在廚房準備飯菜。午餐時，師生共聚，親切如家人，其樂融融。

「年輕的您（您永遠比昨天更年輕），熱情的您（您熱愛生命、熱愛人生），樂觀的您（您永遠灑脫、永遠心寬），服務的您（您以老者的睿智、年輕的心情不斷的以創新的方法來教育我們），老師：我們全班同學衷心感激您的傳道、授業、解惑。願您在我們的祝福中，過個愉快的教師節！」

也難怪學生們這樣寫，外子雖然已作了祖父，但一直保持年輕的心。他對學生們說：「我的心理年齡只有十八歲。」

「……」

讀著，讀著，我眼眶一陣濕熱，滿心感動。多麼可愛的年輕人，雖然他們有的已在社會上做事，甚至有的已爲人父母，而他們仍然衷心感念老師的教誨，未忘師恩。從這些謝師卡中的眞摰語句，不正是表示了自古以來尊師重道的情義嗎！因而外子執教軍事學校退休後，又在大專院校任教，近三十年來作育英才，苦口婆心，樂此不疲。

教育原是清苦奉獻的工作，我們不能否認它的神聖意義。身爲老師應全力付出愛心，學生們也該體認爲師的辛勞，心存感念。

一紙小小的謝師卡，即能表示敬師的溫馨之情，帶給老師精神上莫大的喜悅和安慰，作學生的又何吝於表達這份心意？家長們更應鼓勵自己的子女這樣去做才是。

住院溫馨情

平日我最不喜歡進醫院，偶有微恙，能不看病就不看病，能不吃藥就不吃藥，小毛病多喝開水，多休息也就慢慢好了。

但一次嚴重的腹痛，痛得我幾近昏迷，正好住在臺中兒子家，他們便將我送到臺中榮總醫院，經檢查是急性膽囊炎，而且有膽結石，必須住院治療，還要動手術，我雖不甘願又怎麼辦？總不能諱疾忌醫。兒子對我說：「這是中部地區屈指可數的大醫院，媽請放心啦！」

敬業的醫護人員

從住進醫院第一天開始，便受到醫護人員悉心照顧，先是量身高體重，然後分別作各項檢查，再安排動手術。當被推進開刀房的那一刹，難免有面臨生死邊緣的感覺，但相信醫生會盡力妥善處理，惶恐的心情也就平靜。

手術的成功，度過了生命的險境，讓我感到新生的喜悅，對醫護人員更是滿懷敬意與感激。

每天早上，醫生按時查病房，仔細詢問病情及手術後進展狀況，態度和藹親切，的確做到了「視病猶親」。而護士們的工作尤其繁重，除了爲病人打針、照顧病人服藥及幫助處理病人生活上臨時需要外，還需擔任醫生和病人的溝通橋樑，隨時報告病人的病況，充當病患家屬的諮詢顧問，以安撫他們的情緒。輪值大夜班的護理人員更加辛苦，眞正嘗受到「衆人皆睡我獨醒」的滋味，他們視爲這是自己的工作，毫無怨尤。有次，我半夜醒來，注視著瓶中點滴所剩不多了，不敢再睡，眼睜睜的對著點滴瓶。不一會，護士小姐來了，她看看我，關心地問：「怎麼沒睡呀？」

「剛醒不久，我是怕點滴快注射完了。」

「請安心睡吧！」她含笑對我說：「我會在一定的時間來換的。」

在所接觸的醫護人員中，幾乎每一位都是那麼認眞盡責，任勞任怨，使我不禁想起曾經閱讀過的非洲叢林醫師「史懷哲傳」，和白衣天使「南丁格爾傳」，他們兩位是愛的實踐者，溫暖了多少病患傷患者的心。

眼前我所見的醫護人員同樣是敬業而深具愛心的一群。

病友溫情

住院那天，兒子原是要安排我住頭等病房，恰巧沒有空床位，只得住進二等病房，兩人共住一間，我覺得這樣很好，有個病友聊聊天，不致寂寞。

鄰床是位農婦，年約五十左右，看來頗爲和善；她患胃病，已住院數天，治療後好得多了，常四處走動，像沒病似的。

初到時，她頷首招呼，我也向她點點頭，隨後問起我的病情，知道我是公保，並告訴我她的兒子在公家機關上班，所以也享有公保眷屬優惠。

我開刀後頭兩天，請了看護照顧，第三天便可下床了，雖然還需注射點滴，但我可以拿著點滴走動，不必再請看護，媳婦說她晚上住在病房照顧我。

「不必，不必。」鄰床病友連忙對我媳婦說：「我可以照顧你媽媽，反正我都快好了。你晚上跑來太辛苦，白天不是還有上班嗎？」

難得病友如此熱心，便教媳婦晚上不要來陪我，其實也沒什麼需要照顧的。不過，還是有不少事病友爲我代勞了，熱水瓶的開水她總是替我添加，吃完飯的餐盆都一併送出去，到護理站換衣物也是她去代取。

「我平日在家裡勞動慣了，現在要躺著休息還覺得難受呢！」她衝我笑笑：「我是個勞碌命。」

有時兒子媳婦帶來水果和點心，我便分一半給她，她也把他兒子拿來的食物與我分享。她說：

「醫院裡的飯菜還不錯啦，只是蔬菜不太對味，我家菜園子裡的菜很多，要吃拔來洗洗，立刻下鍋，好新鮮啊！」

病友出院時，要她兒子給我寫下豐原家中的地址及電話，她誠懇地邀約：

「你回臺北後，下次再來兒子家時，請來豐原玩，我一定招待你吃最新鮮的蔬菜。」

對這樣一位萍水相逢的病友，她的淳厚可愛令我感動，望著她樸實的背影離去，我竟然有些不捨。也許在知識水平上我們有些差異，但眞誠可使心靈相通，便可以成爲朋友。

義工的愛心

醫院裡常有熱心的義工，爲病人服務，他們有的是退休公教人員，也有家庭主婦和學生們，他們志願投入醫院的服務工作，熱忱的付出，有的陪年老病患聊天，或推著輪椅活動；有的替小病人溫習功課，或是講故事；還有些爲病人送來書籍和雜誌。

那天，我坐在病床邊看報，兩位年輕女孩推著小推車過來，車子上堆著好些書籍雜誌，她們親切的詢問：「阿姨要看看什麼書嗎？」

我隨手翻看了一下，選出兩本散文集。「先借我這兩本吧！」接著問她們：「你們怎麼想到要來這裡做義工呢？」

「放暑假了，沒有什麼事做，我願意把空閒時間花在醫院裡，替病患做點事，藉此機會也學習到不少生活經驗。」圓圓臉有雙大眼睛的女孩這樣說。

「服務是件快樂的事。」另一位模樣清秀的女孩接著說：「我父母也鼓勵我來做義工，他們認爲這是對社會的關懷，並培養年輕人的愛心。社會服務讓我們早點看到不同人事，早點成長，助人也是自助。」

她們倆是高中同學，下學年將升高二，年輕人有此認知，令人欣慰，畢竟這個時代的青少年並不都是喜愛吃喝玩樂，他們也能把握自己的方向，也懷抱著高遠的理想。

從這兩位年輕女孩身上，我看到了希望的光芒。

病癒出院，心情特別舒暢，不僅是身體上的病疼獲得紓解，心靈的陰影也得以驅散，覺得這世間仍然美好，溫馨可愛，似乎藍天更爲遼闊，陽光更爲亮麗，處處花草芬芳，綠野蔥蘢，我們眞該好好地活著，活出意義與價値。

擦鞋童及其他

有天，在朋友家門前的鞋櫃上看到擺著一列皮鞋，擦得亮晃晃的，我脫口問：「哇！是你擦的嗎？」

「不是啦，請人擦的。」她告訴我附近有個替人擦鞋的，隔段時間便請他擦一次。

「哦！」我已好久沒見到從事這種行業的人了，腦海中頓時浮現出曾經認識的那個擦鞋童的影像。

二十年前，我住南部空軍眷村，離鎮上尚有段距離，眷村也算是個不大不小的社區，平日，無論賣菜的、賣豬肉的、賣水果的……，都推著車子在各家門前兜售；還有擦鞋的、補傘的，也經常在巷口叫喊。幾乎每個假日或週末，總會聽到一個擦鞋童的大嗓門：「擦鞋，擦鞋，包你擦得乾淨又漂亮！」

那個年代，擦鞋是相當普遍的行業，街頭角落常見有擦鞋者獨駐一隅。可是眷村人的生活大多清苦，即使穿皮鞋，髒了也是自己擦，誰會花錢請人擦鞋呢。我家的皮鞋從未請人擦，不過每當我經過那擦鞋童身邊時，他一雙大眼睛滴溜溜的轉動，黝黑的臉上露出憨厚的微笑，望著我：「太太，要擦鞋嗎？」不免心動，但也只是對他笑笑，搖搖頭走開了。

有一次我經過時，那孩子又在叫我，真不忍心讓他太失望，便說：「好吧，你跟我來，家裡有雙鞋要擦。」

他笑眯眯地隨著我走到家門口，取下揹著的擦鞋箱，拿出一個活動小凳子坐了下來，我將外子的一雙舊皮鞋交給他，這孩子便認眞工作起來。

漸漸地我和擦鞋童熟稔了，他來眷村時總到我家門前轉一轉，假日裡孩子們不上學，我家麒兒竟和擦鞋童成了朋友，孩子們一派天眞，年齡相仿很快就玩在一起。從麒兒嘴裡，我才知道擦鞋童的名字叫林長順，家住鎭上一條巷弄裡，父親是個補鞋匠，母親身體不好，常在病中，有個妹妹唸國小三年級，林長順唸五年級，只有假日和週末午後才出來替人擦皮鞋，賺點錢貼補家用。

林長順擦鞋時很專心，把它當一件工作在做，有鞋擦他總是高高興興的，神色間沒有絲毫的自卑。有時沒生意，麒兒搬出自己的故事書，兩人便坐在門口一起看書；星期天他來得較早，麒兒乾脆叫他到我家那客廳、飯廳、書房三位一體的屋子裡來看書，林長順看得入神，往往忘了時間，我做好了飯菜留他吃飯，他卻急著要回去，麒兒拉著他的手不放，起初他很難為情，後來日子久了，也就習慣啦。

林長順進入國中後，大概功課忙，很少來到眷村擦皮鞋，不久我們一家從南部遷來臺北，彼此便失去了聯繫。後來聽麒兒以前小學的一位同學談起，林長順國中畢業後考進一所商專，然後接掌了他父親遺留下來的補鞋小店，日益擴充慢慢經營起皮鞋店。由於他頗有商業頭腦，又肯勤於學習力求上進，為人誠實篤厚，所以生意十分興隆。

去夏我曾到南部探望老鄰居，知道林長順在鎮上開了家大鞋店，帶著懷舊的心情想看看那孩子，也順便在他店裡買雙鞋，果然店面頗為氣派，裝潢得很漂亮，使我感到意外驚喜。林長順一眼便認出了我，迎上前來親切招呼：「伯母，好久不見，眞是稀客呀！」

我打量著他，昔日矮小的身架已長成挺拔的高個兒，那黝黑誠實的臉孔依然堆滿憨厚的笑容，穿著樸素，絲毫看不出闊綽神氣。談起他經營鞋店，也吃了不少苦，可說是心血和汗水凝聚成今日的盛況。

當我選購了一雙白色皮鞋要付款時，林長順說什麼也不肯收，而且堅持要請我吃飯，他說：「伯母難得來，理所當然我應盡地主之誼，記得我小時候在伯母家不知吃過多少次飯呢！」

面對他的誠意，我無法拒絕，如果不答應，就顯得自己太矯情了。

林長順由擦鞋童而至鞋店大老闆，在創造了經濟奇蹟的臺灣，也許是稀鬆平常事，但可貴的是像他這樣的年輕人，富而不驕，富而知理懂禮，卻讓人覺得是十分可愛的事情。

菜販阿水

回到曾經居住過多年的眷村，就像回到了娘家一樣，有種特別溫馨的感覺。老鄰居圍住我，問長問短，滿臉興奮的笑，眼眸流溢著關懷之情，你一句、她一句，說不完的話，在這一剎那要把平日的思念盡情傾吐。

倏忽，外面傳來叫賣聲：「賣菜喲！賣菜喲！」聽來很宏亮，也頗熟悉。

「記得嗎？菜販阿水。」陳太太碰碰我的手臂。

「他還在賣菜呀！？」我不禁訝異。我住眷村時，就是阿水在賣菜，那時他已三十好幾了，如今恐怕快六十歲了吧。猶記當年阿水每天上午騎一輛重量級腳踏車來我們眷村，所謂重量級是因爲車後的鐵架上，裝置了個大菜筐，裡面有各類蔬菜。那時眷村的主婦離不開家，因爲孩子都小，先生上班後，便無法到鎭上去買菜，所以菜販阿水及時送來蔬菜，給主婦們極大的方便。

阿水本名陳金水，大家習慣上都稱他阿水。他的菜比鎭上賣得便宜，而且新鮮，人又和氣，都喜歡買他的菜。阿水對眷村的每個人都熟悉，無論大人小孩，見著都打聲招呼，他的記憶力驚人，不但記得大家的姓名，賣菜時，誰買了多少菜，各人要付多少錢，他都清清楚楚，分毫不差。碰到先生們發薪的前數天，各家主婦偶有青黃不接時，買菜也只好暫時賒欠，可是阿水從不記帳，他的腦子裡有本帳簿，到還錢時不會多要分文，大夥兒開玩笑說：「阿水，你要是唸書，數學一定很棒，說不定成爲數學家呢！」

阿水一逕地笑著，也不說什麼，他淳厚善良，對多年的菜販生涯很滿足，樂此不疲。沒想到現在年紀這麼大了，他仍在賣菜。

「快去買菜吧，等會兒阿水要走了。」說著大家起身走向門外，我也跟了出去。

阿水倚著菜筐站在那兒，看來精神奕奕，身體健朗，不顯老態，他還記得我。

「彭太太，您好久沒回來了，住臺北好吧！」

「還是這裡好，鄉下清靜，空氣又好。」我看看阿水的菜筐，翠綠的青蔬、鮮紅的蕃茄、深紫色的茄子，還有黃瓜、苦瓜、絲瓜等，滿筐美麗的組合，令人悅目。我說：「應該在家享福了嘛，何必再賣菜。」

「我是勞碌命，閒不住的。」阿水以欣賞的眼神凝視著他的菜筐，樂呵呵的，並不以賣菜爲苦。

聽鄰居說，阿水的兒子在臺北做生意，賺了錢，買了房子，要接他去住，他不願意，還是要留在鄉下賣菜。雖然阿水沒有讀什麼書，但內心同樣也感受著有種生命的意義和價值吧；他喜愛自己的工作，不依賴子女，也不企求社會的救濟，以他尚有的能力，賺取蠅頭小利，豈不也有一份成就感。

人生的歲月需要各自去經營，年老並不可悲，只要懂得如何去調適生活，使它不成爲一片空白，黃昏依然璀璨，像阿水這樣的人，活得有尊嚴，也活得很快樂。

愛的負荷

記不得從何時開始，朋友們碰見我總是說：「每次打電話給你都找不到人，不知道跑去哪裡？」然後免不了調侃一句：「你呀，眞是『狡兔三窟』。」

的確，我有三個家，也可以說是三個「愛之窩」。近年來，南來北往，經常三地奔馳。二十多年前，我們全家從雲林縣虎尾鎮搬來臺北中和，當時經濟拮据，重新安置一個家十分困難，起初我們賃屋而居。三年後，先生和我付出了許多心力，又變賣所有的金飾，終於購買了一棟四房二廳雙衛的公寓樓房，除了三間臥室之外，特別留一間作爲書房，這是我們多年的夢想，書房的三面裝置了從底到頂的書櫃，可謂名副其實的書牆，這是全家休閒閱讀的所在，我們在這裡歡度了多少快樂時光。

曾幾何時，求學的孩子們都長大了，他們相繼畢業了，各自覓得適意的工作，逐漸地一個個結婚成家。兩女先後隨夫婿出國，兩子也隨服務單位分別居於臺中與桃園，剩下先生和我相守臺北的家，幸而我倆都有閱讀及寫作的愛好，日子倒也過得安適自在。

自五年前先生病逝後，兒女們都不放心我獨居臺北。臺中的大兒子首先在他家的書房安放了一張床，請我和他們同住；小兒子結婚後，在桃園以分期付款買了一棟透天厝，將二樓的房間留給我，裡面的家具、燈飾等一切徵詢我的意見設置，希望我長住桃園；遠在國外的兩個女兒再三催請，要我到她們那兒去住。對於兒女們的孝思，我不知究竟答應誰好，事實上誰都一樣，他們痛失父親，同都誠心摯意地想好好孝敬母親。

可是我該怎麼辦？最難捨仍是臺北的家，點點滴滴全是先生和我共有的心血凝聚，怎能丟棄？怎忍心割捨。？不，不，我不要搬離，還是要守住這原來的家，書房裡懸掛著先生的遺照音容宛在，以及滿室我們曾共同享有的書香，有這些相伴，不會寂寞。

兒女們尊重我的意願，母親的堅持他們從不拂逆，只盼望我時常到他們家去住，當然他們也會抽暇來臺北看我。如此決定使我頗爲安心，似乎一切都沒有變，我仍擁有自己的家，雖然先生走了，我依舊感覺他的存在，只是無法觸摸到他，無法聽到他說話，然而兩心牽繫，天上人間仍相通。

偶爾心煩意亂的時候，便上兒子家住幾天。

臺中大兒子家社區環境優美，前後遍植羊蹄甲樹，花開時樹樹紅花，明豔耀眼；社區內有所幼稚園早晚小孫女拉著我的手，在園內散步徜徉，空氣中飄漾著清新芬芳，孫女兒一面唱歌給我聽，又要我教她唱歌，歡樂在祖孫間交融。晚上睡覺前必須講故事給她聽，一個故事不夠，再講一個才肯闔眼入夢，媳婦含笑對我說：「這本來是我的工作，奶奶來了，就麻煩奶奶講故事了。」

假日，兒子駕車載我們到風景區遊玩，坐在身旁的小孫女悄聲對我說：「奶奶，你要常來臺中啊，我們就有機會出來玩，奶奶不來，爸爸都說太忙，才不肯開車帶我們出來玩呢！」一旁的媳婦指指她女兒的鼻尖，「你呀，眞是個鬼靈精。」

每次，當我離去時，小孫女大哭叫喊著：「奶奶不要去臺北家家嘛！……」就在媳婦連哄帶騙下抱住了她，我才黯然登上車，心中總是酸酸的。

回臺北家沒多久，尚在新婚燕爾中的小兒子和媳婦便打來了電話，尤其這小媳婦聲音嬌滴滴地親切呼喚著：「媽媽，您來桃園和我們住嘛，我們好想你喔，您一個人住臺北要燒飯做菜多麻煩，星期六讓我們來接您吧！」

親情無法抗拒，我又來到了桃園小兒子家。別看媳婦年輕，做事卻很俐落，廚房裡的事不要我幫忙，一個鐘頭內四菜一湯已擺上餐桌，而且色、香、味俱全，吃後讓人齒頰留香。她在醫院上班，護士工作很辛苦，可是回家後絲毫不懈怠，忙這忙那，室內窗明几淨，處處整潔，使這個家滿溢著溫馨舒適。

晚上兒子媳婦陪我到附近公園散散步，或是上街逛百貨公司，或是在家看看電視，對我來說，日子過得輕鬆愉快。可是，畢竟仍惦記臺北的家，那陽臺上的盆景不知安然無恙否？（雖有鄰居代爲照顧，仍不免罣念。）屋子裡又是灰塵滿佈吧？再說先生案前的瓶花也該換了，而且好想靜靜地閱讀幾本書，也把心中的感觸和喜樂藉紙筆抒發傾吐，一種屬於自己的愛好與興趣，是永遠難以捨棄的。

生活便是如此地在凝聚與分割中延續，我照常在南北交通網上穿梭來去，樂此不疲，忘卻了時光的流逝。

朋友們問我：「你這麼跑來跑去，遊走三地，累不累呀？這也是一種負荷吧？」說累，也眞有點累，要說負荷，這應該是愛的負荷吧。心中有愛，便沒有壓力，滿懷愉悅，唯有這樣，忙碌奔波於三個家，才覺得自己還是個被重視的人，才覺得生活滿有意思的。

婆媳一起忙過年

臘鼓頻催，市面上擺出各式各樣年貨時，我意識到春節就快到了。春節按中國人的傳統觀念，這是過大年，特別隆重的節日。

前些時，住在臺中的大兒子和媳婦打電話來，要我早一點去臺中，在他們那裡多住些日子；接著桃園的小兒子和媳婦也來電話：「請媽媽先來我們這裡住幾天，再同去哥哥家過春節。」

兩個兒子和媳婦頻頻催請，還好兩個女兒都在國外，否則，我可眞是分身乏術。兒子因各人服務單位不同，分居兩地，雖然他們在自己家裡留置一個房間給我，要我和他們同住，但我不願離開臺北。先生雖已辭世，感覺上他仍存在，我要守著這個家，心中卻又惦念兒孫們，於是我經常在南北交通網上穿梭來去，遊走三地。

過年，當然要團聚。以往，一家人都聚在臺北家裡，近幾年，兒媳擔心我太勞累，決定每年春節和我小兒子全家一起到大兒子家相聚。我總是早幾天就去臺中，然後小兒子和媳婦於除夕前一天到達。孫兒女高興得跑來跑去，嘻嘻哈哈，立刻，熱鬧歡樂的氣氛像點燃的爆竹，瀰漫著特有的芳香。

除夕當天，兩個媳婦在廚房裡有說有笑，準備年夜飯的大餐，我過去問有什麼事要我做的，她們連聲說：「不要啦，不要啦，媽媽請在客廳休息看報嘛！」

平日我到兒子家小住時，媳婦從不要我動手。她們都乖巧懂事，也很能幹，上班回來，家事處理得井然有序，不需我操心。只是吃飯時，我也收拾一下桌子，擺擺碗筷，或到廚房陪媳婦談天；有時同去菜市場買買菜，婆媳間相處親暱融洽。旁人往往以爲我們是母女，事實上我也是把媳婦當成女兒一樣看待。

過年菜做得多一些，我總得幫幫小忙，何況有幾道我家的傳統菜，必須我來看看，那就是：紅燒圓形蹄膀、珍珠丸子（象徵圓滿）、魚（年年有餘），以及盛裝在大海碗裡的一隻燉雞，湯裡有冬菇、紅棗、桂圓、干貝等，還排列一圈煮熟剝殼的雞蛋，這道混合了山珍海味好湯，菜名爲「金玉滿堂」。其實媳婦已學會我做的菜，她們的烹飪技術更勝於我。另外她們倆各自有三道拿手菜，當她們將燒好的菜挑一筷子給我嘗嘗，「好吃呵！」我讚不絕口，兩人笑咪咪，開心得不得了，嘴裡竟哼起歌來，是我在合唱團學會再教她們的「恭喜發財」歌。我們婆媳一起唱，小孫女就跟著「咳咳咳咳喲」！

現在又是新的一年，春節即將來臨，我興奮得就像小時候期盼過年的心情，滿懷喜悅。想著和兒孫團聚，和媳婦一起忙的快樂情景，趕快整理行囊，到兒子家過年去吧！

卷三　憶往情深

歌聲喚起回憶

屋前兩樹梅

春節前，為了美化環境，社區工作人員在我們村子的各巷道，種植了許多花樹。那天，意外地發現就在我居住的樓房巷口，挺立著兩株紅梅，似乎剛種下不久，樹枝上已開了疏疏落落的花朵，嫣紅鮮麗，我驚喜的佇立觀看良久，心底油然滋生一股憶念的情懷。

小時候，我對梅花就特別喜愛，或許是因為故鄉老屋的門前，種植著兩株梅樹的緣故；自我有記憶開始，高高聳立的兩樹梅，開門即映入眼簾。每年的十二月，梅花含苞吐蕊，新春期間，花開似錦，一樹粉白，一樹緋紅，相映成趣；花瓣雙重，豐滿茂密，絢麗奪目，馥郁芳香，行人路過，常會停下腳步，凝眸注視欣賞一番。

寒冷的冬天，瑞雪飄飛的日子，梅花更顯得生氣蓬勃，意態昂揚。我經常和弟弟在梅樹下嬉戲，堆雪人、滾雪球，父親見我們玩得高興，便會走過來微笑地問：「冷不冷？」我們搶著回答，「不冷，一點也不冷。」父親頷首對我們說：「好，好。你們看，梅花就不怕冷，經得起風霜，開出漂亮的花朵；古人說的：『不經一番寒澈骨，怎得梅花撲算香。』做人也是一樣，要能吃苦耐勞，才會出人頭地，這意思懂不懂哦？」弟弟和我猛點頭，十一、二歲的孩子，少不更事，何嘗體會到父親話中的深意。

冬日晴朗的黃昏，父親總愛牽著我和弟弟的手，在梅樹下散步徘徊，讓我們知道梅花即是國花，細說梅花乃「歲寒三友」之一，梅花的堅忍象徵中華民族的精神，我們愛梅花就是要愛國家。又教我們一些詠梅的詩句，但年幼的我們，儘管跟著朗朗出聲，卻不求甚解，過後全都忘了。

七七事變，中日戰爭爆發後，故鄉岳陽縣城相繼淪陷，父親離開他教書的學校，和母親帶著我們姊弟，一同躲避到山區，那年冬天，我們看不到那風姿綽約可愛的梅花。父親設法託人將我和弟弟送往後方的保育院唸書，母親哭泣著捨不得年幼的兒女遠離，父親堅決地表示：「小孩子應該磨鍊磨鍊，何況政府有著妥善的照顧，讓他們接受正規的教育，不是比留在淪陷區好得多麼！」

抗戰勝利後我們隨學校復員返鄉，回到魂牽夢縈的家園，欣喜父母健在，雖然母親的頭上增添了幾許白髮，父親也顯得蒼老了一些，但他們精神矍鑠，尤其久別的兒女又重回懷抱，更是感到萬分欣慰。

老屋門前的兩樹梅，依然如故，在風雨中更傲然於他們生命的頑強。父親將被日軍破壞損毀的房舍，重行修建，又是煥然一新，寒冬中面對屋前兩株燦爛的花樹，分外體驗出那稀有的溫馨。

怎料另一次烽火燃起，我又要遠離，父親把我交給他快婿的手中，殷殷送別到梅樹下，回頭望見頻頻拭淚的母親，我一陣心酸，淚水也不禁奪眶而出，父親眼神中卻滿溢著鼓勵與期望。

來到臺灣，寶島四季如春，花香處處，獨不見梅花的蹤影。家住南部時，曾經前往嘉義縣梅山鄉尋訪梅花，然而那兒的梅樹和故鄉的迥然不同，那是屬於「實梅」，當作果樹栽培者，結的梅子可以醃漬爲蜜餞；故鄉老屋門前的兩樹梅是屬於觀賞的「花梅」，僅開花，不結實，花開時間較長，花瓣繁密，色澤鮮麗，嬌美絕倫，且花味清香，堪稱梅中的珍品。多年不見，倍增思念，只有在夢裡尋回那暗香疏影，那風雪中盛開的梅花，以及海樣深的親情。

日前，市場已有梅花的盆栽出售，我決定要選購兩盆，放置在陽臺上，使能天天看到它，也讓孩子們體認梅花那種遇冰霜而不凋，遇風雨不餒，堅忍耐苦，自立自強的精神。正如張大千之「愛梅詩」所云：「殷勤說與兒孫輩，識得梅花是國魂。」

快樂的母親

記憶中，母親總是面帶笑容，和顏悅色地對待每個人，以及從事每件事；我幾乎沒有見過她愁眉苦臉，憂鬱煩惱的樣子。小時候，我在外面和小朋友遊玩時受了委屈，跑回家中撲向母親的懷中哭訴，她輕撫著我的頭，柔聲說：「沒有關係嘛，別哭了，哭的樣子不好看哦，乖，笑笑！」母親就是這樣直到把我逗笑爲止。

母親出身書香門第，溫柔嫻靜，知書達理，嫁到我們家來，父親尚在大學唸書，家務全賴母親掌理，還要侍奉年邁的婆婆，及至生下我和弟弟，生活的擔子更加重了。自我懂事起，便看到母親從早到晚不停地忙碌著，每天清晨早起準備一家人的飲食，然後洗衣服、打掃收拾屋子，空下來便在自己家裡的菜圃整理，施肥或是鬆土，簡直沒有片刻休息。晚上還要爲我們縫製鞋帽，母親的手藝精巧，我和弟弟的鞋、帽上都繡了花鳥，栩栩如生，非常好看。經常在半夜醒來時，看到母親仍在燈下做針線，只要我們穿戴得漂漂亮亮，她就忘了辛勞，滿心歡喜。

有時母親難免與父親因事發生口角，爭吵幾句之後，獨自躲在房裡飲泣，但不到一個鐘頭她就擦乾眼淚，像什麼事都沒發生似的又起勁地忙碌著，按規律做著日常該做的事。等飯菜燒好，端上桌子，她親自去書房叫喚父親吃飯，父親一見那微笑的臉，立即雨過天青，一團和氣的隨著走向飯廳，於是餐桌上的氣氛又像往常一樣輕鬆愉快。

偶然我和弟弟做錯了事，母親也會責備我們一頓，然後將道理分析給我們聽，教我們不要再犯；她從不擺出兇狠憤怒的面孔，也沒有抱怨嘆息，母親諄諄的教誨，讓我們心悅誠服。

即使在最忙碌的時候，鄰居或是朋友因事相求，母親總是放下自己的事情，樂意幫忙。她時常對我們說：「能夠幫助別人就是快樂，因爲施比受更有福。」

當我在那「爲賦新詞強說愁」的尷尬年齡，偶然碰到不如意的事，便自尋煩惱悶悶不樂，不禁傻傻地問母親：「媽，您有沒有煩惱的時候？」

母親慈祥的眼睛深深地看著我，緩緩地說：「人生不如意事十常八九，怎能沒有痛苦煩惱，但是自己一定要能化解憂愁，凡事往好處想，要學著忘記那些失意、悔恨和疑懼，建立起信心和希望，並培養忍耐與愛心，於是你就能得到快樂。」

在逐漸成長中，母親的言行，使我慢慢領悟到人生較深的層面。

由於母親內心充滿著愛，那奇妙的深沈的愛，使得她樂於犧牲、忍耐；懷著不自私的心態，面對世界，便能容忍別人的缺點或過失；盡自己的能力付出，沒有太多要求，因而永遠保持著快樂的心境。

一個人的內心便是一個完整的世界，如果他很快樂，就感到這個世界是快樂的；相反的，他覺得痛苦和磨折，那麼人生便是可悲的。其實世界隨時向我們展示各種歡樂和美好的事物，主要在善用自己的感官，只要長保赤子之心，世界何處不美，又何處不令人驚喜呢！友善的微笑，對人眞誠的關懷，以及助人的愛心，都是快樂的泉源。

我慶幸自己有一位快樂的母親，感受到她無比的恩澤。當我婚後離家時，母親殷殷地對我說：「不論日後多麼艱難，生活多麼困苦，你都要勇敢地面對現實，做個快樂的妻子，快樂的母親，這樣才能使整個家庭歡樂融融。」

母親去世五十年了，那快樂的形象始終鮮明地活在記憶中，她的身教與言教，一直是我生活的準繩，她的愛心德行使我此生汲取不盡。可以告慰母親的是，我沒有忘記她的臨別叮嚀：做個快樂的母親。我也和她一樣，生活中充滿著美滿、愛和喜悅；而且今後仍將繼續秉承母親散發的光和熱，傳遞下去，傳遞下去。

團圓夜

當臘鼓頻催，商店擺出各式各樣的年貨時，我不禁回憶起小時候在故鄉湖南過年的景象，一家人團聚，熱熱鬧鬧，興高采烈，歡樂無比。

記憶中，每年進入臘月，農曆春節近了，大家爲著過年忙碌起來，殺豬醃肉、灌香腸、風雞、醃魚、做糕餅……，準備一些可以存放的食物。

臘月初八要吃臘八粥，到二十三日送灶王爺之後，過年的氣氛更濃了。小鎮的街上，各處擺滿了賣年畫、春聯、神像等攤子，商店堆集各類年貨禮品，香燭店裡香氣氤氳，揉合一股年的芬芳，飄散四方。

印象中最爲深刻的是團圓夜——年夜飯及圍爐。出門在外的人，不論多遠，都要趕在除夕回家團聚。在縣城上班的父親早兩天就回來了，家裡已打掃整理得乾乾淨淨，神案上的香爐和燭台也都擦得晶亮放光，門上貼了新的春聯，家中自祖母（祖父早年過世）以下，每個人笑容滿面，洋溢著一片喜氣。

大年夜，客廳裡燈火通明，紅燭高燒，父親領著家人祭祖、謝年，然後吃團圓飯。全家圍著一張大圓桌，團團而坐，笑語盈盈，享受著團聚的歡樂與溫馨。桌上擺滿十二道香噴噴的菜餚，有幾道菜是少不了的，圓形大蹄膀（象徵圓滿）、魚（年年有「餘」）、珍珠丸子、什錦和菜（家和萬事興），以及盛裝在大海碗裡的一隻燉雞，湯裡有冬菇、紅棗、桂圓、干貝等，還排列著一圈煮熟剝去殼的雞蛋，這道混合了山珍海味的湯菜稱為「金玉滿堂」；其他還有一些別的菜，名目頗多，總之，離不開吉祥團圓的含義。

吃過年夜飯，大家圍坐在火爐邊喝茶聊天，「圍爐守歲」。據說自唐代以來，除夕即有守歲的習俗，也就是守住這年的最後一日，把牢關口，不讓邪怪乘虛而入；除夕有許多禁忌和去邪習俗，因古代醫學不發達，人類常因瘟疫致死。相傳高陽氏有三個兒子，死後化為疫鬼，兩個居住江水旁邊，一個住在一家宅第的偏僻角落，專門驚嚇小孩，故此在「新歲前一日，擊鼓驅疫癘之鬼」。春節鑼鼓喧天，鞭炮震耳，也有驅邪的意味，同時帶來熱鬧歡喜的新年氣氛。

除夕夜闔家圍爐而坐，爐火旺盛，火可去邪，鬼為陰物，陽氣過盛則不敢侵入，因而「攢火圍爐，合家共坐，以助陽氣」。這些流傳的習俗，都與驅除疫鬼有關。其實眞正的意義應是：平日大家都忙，唯有過年時團聚一起，通宵達旦圍爐，共享溫馨時刻。

可是小孩子們那裡坐得住，換上了新衣、新鞋，戴上新帽，每人手裡提了個燈籠（大年夜提過後等元宵節再拿出來），結件在大街小巷嬉戲，放爆竹、敲鑼打鼓，興致勃勃，融入那燦爛繽紛的年景裡。我和弟妹們間或回家喝幾口母親燒好的甜茶（蓮子、紅棗、芝麻、米花加糖熬煮而成），任意吃些桌上點心盤子裡的糖果，然後又跑出去了。

直到夜深，街上的人漸漸稀少，我們才帶著倦意回到家裡圍爐，炭火熊熊燃著，聽祖母講古，父親提出一些謎題讓大家猜；我和弟弟妹妹在外面玩得累了，瞌睡蟲不覺慢慢爬上了眼皮，快到子夜，母親叫我們向長輩叩頭辭歲，接過他們送給的壓歲錢，捧著一疊紅包，歡歡喜喜回房塞在枕頭底下，大人們還在圍爐守歲，小孩子們已含笑入夢。

迷迷糊糊聽到遠近鞭炮聲響徹雲霄，像是奏著歡樂的大樂章，迎接新的一年來臨。

夢痕依稀

隨著歲月流逝，兩鬢飛霜，回首以往踩過的足跡，如夢似幻。而今，少年已遠，鄉夢迢迢，但是那一段艱辛的流亡歲月，中學生活的星星點點，在靜思冥想中，又依稀映現眼前。

民國三十年間，在湘西芷江，新成立一個國立二十中學，專收來自不同保育院（抗戰時期蔣夫人爲收容淪陷區失學兒童創辦的兒童保育院）小學畢業的學生。

二十中學分設男、女生部，還附設師範部。共有學生數千人。我們女生部位於芷江八景之一的柳樹坪，而在一水之隔的對岸爲另一景桃花溪。春天來臨，柳坪葉綠，桃溪花開，紅綠相映，構成一幅美麗的圖畫。我們一群十多歲的女孩子，猶如蝴蝶、飛燕，穿梭其間，更給風景增添顏色。

我們都年輕無知，懵懵懂懂，雖離鄉背景，卻不識鄉愁幾許。同學在一起，嘻嘻哈哈，快樂逍遙，常常自以爲是，年少氣盛，常有路見不平、拔刀相助的衝動。「柳樹坪」的那條小街上，有家雜貨店的童養媳，年約十歲左右，圓圓的臉蛋，短短的童髮，天眞可愛。每當我們這些半大不小的女生經過店門前的時候，她總是笑咪咪地喚一聲：「大姊姊！」我們都很喜歡這個小女孩。有一天，雜貨店辦喜事，原來是店家十五歲的小兒子和童養媳要結婚了。我們困惑不解，這麼小的孩子，怎麼能結婚？懷著對小女孩的同情，也深感那分難堪的屈辱，大家氣憤塡膺，幾乎衝動地要去店裡大鬧一場，企圖阻止這個不正常的婚姻。後來有人建議去和女生指導嚴老師商量，讓老師出面帶領我們去比較好。當大夥兒把這件事告訴嚴老師的時候，她看看我們，和藹地笑著說：「你們眞是傻得可愛。這是此地的一種風俗，小孩子可以先拜堂，只是名義上夫妻，日後男女雙方長大了再『圓房』。你們怎麼好去阻止人家辦喜事呢？」大家聽了，似懂非懂地一哄而散，總算沒有演出一場「劫婚」的鬧劇。

「芷江」有個空軍基地，距離我們學校約一公里，每逢星期假日，年輕的空軍健兒，三三兩兩地出現在芷江街頭。他們一個個英俊挺拔，神采飛揚，那年代的空軍可謂天之驕子，令人矚目。有個暑假，不知爲何原因，一部分飛行軍官借住在學校的大禮堂，還借用我們幾間教室上課。有的時候在月色清明的夜晚，他們在操場散步，經常引吭高歌，歌聲嘹亮雄壯，深深吸引住了我們這群少不更事的女孩，不禁爲他們的熱情豪放、凌雲壯志傾慕不已。暑假結束，空軍健兒回基地了，我們竟然有些悵然若失。

由於同學都來自淪陷區，家鄉被日軍佔領，和父母完全失去聯繫，大家以校爲家，不論各人的家庭原來是貧是富，此刻都是一樣，我們承受國家的養育，衣、食、住，以及受教育，全由政府供給。老師猶如父母般愛護我們，照顧我們，同學相處融洽，親愛和睦，如同兄弟姊妹。學校環境優美，經費尙稱充裕，伙食每餐四菜一湯，營養豐富，戰時能享有這些，眞太幸運了。

不久，災難慢慢降臨了。日本飛機瘋狂地轟炸大後方，芷江雖非重要城鎭，但是有空軍基地，也是目標之一。記得那一段日子，白天不能安心上課，晚上也睡不安穩。只要聽到警報聲，大家急急忙忙往防空洞躲，尤其是黑夜裡，更是驚慌恐怖。我們都穿好外衣睡覺，惟恐半夜來不及穿衣。有一次，一個男同學晚上未及躲進防空洞，敵機已經飛臨上空，他就蹲在一棵樹底下，不料轟隆一聲，炸彈落在他身邊，結果被炸得血肉模糊，慘不忍睹，等警報解除，送醫途中便死了。這件事給全校師生留下難以彌補的傷痕，大家心中感到淒楚駭怕，也擔心著未來的安危。

局勢愈來愈緊迫，學校奉令遷往貴州，男生合併到國立三中，另在桐梓設立國立女中分校，安頓二十中的全部女生。

老師帶領我們先到貴州惠水，暫時借住在縣府的一棟宿舍裡。爲了不耽誤同學的學業，老師在克難的情況下給我們上課。每人一張小板凳，膝蓋上放一塊木板，因爲沒有書，老師發給我們鉛筆和紙。就這樣在木板上抄寫和記筆記。同學們也能體會流亡生活中求學的不易，大家非常勤勉，用心聽講。

我的身體原本孱弱，這段時間由於飲食不正常，又受了風寒，突然患了腸胃炎。上吐下瀉，導師劉老師立刻送我到衛生院診治。醫生看過後，覺得病情相當嚴重，必須住院。每天服藥打針，病情逐漸好轉。只是住院一星期，可把我餓慘了。因腸胃炎要禁食，只能吃流質食物。那時候也沒有牛奶喝，每天三餐都是喝米湯。同病房的一位老太太，女兒媳婦不斷地送排骨湯、雞湯麵等食物來。看著人家吃得津津有味，嘴饞得慌。那位老太太可能感覺到了，充滿同情地對我說：「我本來想分些給你吃，可是你不能吃這些東西，沒有辦法。」我轉過頭忍不住偷偷地落淚，思家之情油然而生，眞想投到母親懷裡痛哭一場。

劉老師來看我時，我悄悄對她說：「我好餓啊！」老師拍拍我，撫摸我的頭髮輕輕說：「孩子，忍耐些，等你病好了，出院後我請你吃排骨麵。」果然，老師沒有忘記她的諾言。那碗排骨麵眞是世界上最佳美味，香馥可口，我心中溢滿感激和感動，師恩如親情，永難忘懷。

離開「惠水」後轉往「遵義」，學校方面尚未接洽好前往桐梓的汽車，老師只好讓我們在遵義停下來，住進基督教青年會。青年會的隔壁便是浙江大學的校舍，浙大的學生對這一批逃難到此的小妹妹十分歡迎和照顧。

預定在遵義不會停留太久，老師找不到適當的地方給我們上課。每天閒散無事，浙大的同學沒有課便帶我們唱歌，做遊戲，有時還領著我們前往街頭巷尾去宣傳，貼標語，呼口號，演講，唱抗戰歌曲，大家激昂慷慨，期能喚起同胞對日抗戰的同仇敵愾，盡各人的一分力量。

基督教青年會有一間閱覽室，放置各類報章雜誌和圖書，滿足了我們求知的渴念。大夥兒經常擠在小小的閱覽室中，希望多看些書，多知道一些國家大事。在那一個艱苦的時代，我們深刻體驗到「報國不忘讀書，讀書不忘報國。」

老師爲我們向青年會申請到救濟補助金，在浙大伙食團搭伙，吃得還算不錯。可是睡覺的地方就只有兩間大房子，裡面空空蕩蕩，我們找來了一綑綑的稻草，舖散地上，晚上就睡在稻草上，蓋的是一條學校發的單毯，再加上白天穿在身上的棉制服。時值寒冬，同學凍得直打哆嗦，大家儘量擠在一堆，以便取暖，覺得滿好玩的，還戲稱那就是「臥薪嘗膽」。

到達貴州省桐梓縣新的學校所在地，總算安定下來。學校的名稱雖是國立女中分校，其實學生都是原來國立二十中的女同學。經過長途跋涉，穿山越嶺，大家同甘共苦，彼此關懷，互相安慰，師生之間，感情更是親密。此後不再遷徙流離，大家慶幸又生活在一個大家庭的屋頂下。

當地縣政府把民防訓練所的房子撥給我們做校舍。雖然簡陋，但有了教室，便可以上課了。而且有間大禮堂，兼作餐廳，大禮堂兩邊的樓上，就是我們的寢室。外面還有一片大草坪，四周植有樹木，課餘供我們運動、散步，或是在樹蔭下看書。有這麼一個讀書的環境，我們已經十分滿意了。

抗戰後期，物資缺乏，生活備極艱困。學校經費有限，校長向地方政府申請少許補助，給我們添購棉被和衣服，不會受凍了。但吃的卻是米、糠、砂粒雜物混合的「八寶飯」，每餐只有一盆缺油的大鍋菜，同學都習以爲常，不覺得苦。偶爾我們把學校發給的一點兒零用錢節省下來，在假日邀約三五同學到街上小店去吃羊肉米粉。米粉上浮著幾片香噴噴的羊肉，以及翠綠的芫荽，別提有多好吃了。那就是「打牙祭」，是我們最奢侈的享受。

當時的書籍簿本，紙張粗陋，可是大家都很珍惜，一張紙正反面寫過後，再用來當草紙。晚上自修，四個人共用一盞桐油燈。眞是一燈如豆，經常鼻孔被油煙薰得污黑。奇怪是的在那樣微弱的光線下看書做功課，卻很少人變成近視。

我初中畢業後直升本校高中。高一下快期末考的時候，各地學校掀起如火如荼的從軍熱潮。當時蔣委員長（先總統蔣公）爲提高軍隊素質，充實戰鬥實力，提出「一寸山河一寸血，十萬青年十萬軍」的號召，立即獲得全國青年的響應，大中學校的男女學生，紛紛投筆從戎。

本校高中學生很多人簽名從軍，我也簽名了。導師叫我去辦公室，溫和地對我說：「你年紀還小，成績又那麼好，留下來多唸些書，將來還是可以報國的，爲甚麼現在一定要去從軍呢？」我意志堅決，說甚麼也不肯留下。在歡送從軍同學的餐會中，校長又對我說：「如果軍營不收你，還是歡迎你回到學校來。」果然，到了重慶，軍方因我年齡不夠，長得又瘦小，把我送回原校。那次雖然從軍不成，至今想來，仍爲自己的愛國熱誠感到自豪，也爲那個時代的青年而驕傲。

回到學校，我更加用功唸書，期許日後能報效國家，並且盼望抗日戰爭早日勝利，早日返回故鄉。

終於抗戰勝利了。在我即將升入高三的那個暑假，民國三十四年八月十四日，日本宣佈無條件投降。全校師生得知這消息，歡欣若狂，又跳又唱，直到深夜纔就寢。我躺在床上，怎麼樣也睡不著，往事一波波像巨浪似地在腦海裡翻滾……。一切都過去了，我驚喜地發現，自己眞正長大了，並領悟到黑夜儘管難熬，只要能支撐到底，有堅強的信心和毅力，終會守到黎明。

往日情懷

有時候，覺得世界實在很小，五十年前在湖南芷江國立二十中的老同學，竟然在臺灣又遇到了。

最先見面的是淑儀，兩人相遇時別說有多高興了，又笑又跳，忘了自己的年齡，像小女孩似的瘋著，淑儀還是老樣子，嬌小玲瓏，說起話來卻中氣十足，當年在學校是鋒頭頗健的人物，演話劇、唱歌，曾獲校際比賽獨唱冠軍，爲全校知名的女高音。

其後碰到的是行眞，印象中她性情豪邁，一頭短髮像個男孩。行眞來臺後進了政工幹校，畢業後曾任女生大隊隊長，並在大學裡當過教官，如今言談中仍不免時常流露出訓人的意味，眉宇間尚留存著一股英氣。她具有藝術細胞，畫得一手好畫，記得以前在學校出壁報時，她包辦刊頭和插畫，我則負責編輯及撰稿，我倆稱得上最佳搭檔。

由淑儀和行眞的口中，又獲知向偉與光慧都在新店教書，她們倆比我高班，在學校時似乎有種威嚴之氣，令我高不可攀，如今見著卻是和藹可親，笑容可掬，很自然地驅除了我心中那份不安之感。後來和林琉、林璇姊妹也聯絡上了，她倆都住大臺北地區，雖然往昔在校未曾有太多接觸，但誼屬少年同窗，彼此的體內脈動著親切之情，內心滿懷溫馨，一旦重聚，很快地便獲得心靈的契合。

我們相約每年不定期的聚會兩三次，或在茶樓飲茶，或在家中便餐，這次輪到我作東，她們一致贊成要來我家裡，主要是家中比較清靜，可以多聊聊。

初夏的一個假日，風和日麗，我趕早到市場買回了菜，然後下廚準備著自認拿手的佳餚。好在同學們聚會不在乎吃，心情愉快，做起事來也就特別輕鬆，將近十一點，我已將飯菜準備得差不多了。過一會，聽到門鈴聲，是她們來了，一進門喳喳呼呼的可眞熱鬧，客廳的溫度頓時升高了好幾度，大家嚷嚷問我要不要幫忙，我一面倒茶，一面說：「沒事，沒事，你們請坐吧！」

早一天，我家老爺就說：「明天妳同學要來，我去兒子家好了，免得礙手礙腳，影響你們的興會。」他倒是挺懂得女人心理的嘛！

這一頓午餐可眞吃得開心，大家無拘無束，笑語聲喧，而且每人使出了學生時代的本領，管它菜好不好吃，都是盤底朝天，盡善盡美。

飯後，圍坐客廳，喝茶、嗑瓜子，天南地北的聊開了，話題轉到抗戰時期，於是七嘴八舌，搶著講述那段學生時期的苦樂生活。回憶將我們帶入時光隧道，那是民國三十一、二年間，在湘西芷江，新成立一所國立二十中學，收容來自不同保育院畢業的學生，眞可謂各路英雄匯聚一堂。

二十中學分設高中部、初中部、女生部，還附設師範部，共有學生數千人。我們女生部設於芷江八景之一的柳樹坪，而在一水之隔的對岸即爲另一景桃花溪。每年春天，柳坪葉綠，桃溪花開，紅綠相映，構成一幅美麗的圖畫，我們一群十來歲的女孩子，猶如蝴蝶與飛燕，穿梭其間使得那一線風景更添顏色。

我們都年輕無知，懵懵懂懂，但卻氣燄高張，豪情萬丈，經常有路見不平、拔刀相助的衝動。記得在柳樹坪的那條小街上，有家雜貨店的一位童養媳，年約十歲左右，圓圓的臉蛋，梳著童髮，每當我們這群半大不小的女生經過店門前的時候，她總笑著喚一聲：「大姐姐！」我們都好喜歡這天眞可愛的小女孩。忽然有一天，雜貨店辦喜事，竟然是店家的兒子和童養媳要結婚了。我們困惑不解，這麼小的孩子，怎能結婚？怎麼可以？懷著同爲女性的同情，也深感那份難堪的屈辱，大家氣憤塡膺，幾乎衝動的要去那店裡大鬧一場，企圖阻止這不正常的婚姻。後來有人建議應該和女生指導嚴老師商量，讓老師出面帶領我們去比較好，當大夥兒將這件事告訴嚴老師時，她看看我們，和藹地笑了，她說：「你們眞是傻得可愛，這是此地的一種風俗，小孩子可以先拜堂，但只是名義上的夫婦，日後男女雙方長大了再『圓房』，你們怎麼好去阻止人家辦喜事呢！」大家聽完，似懂非懂的一哄而散，總算沒有演出一場「劫婚」的鬧劇。

芷江有個空軍基地，離我們學校約二華里，每逢星期假日，年輕的空軍們，三三兩兩的出現在芷江街頭，他們一個個英俊挺拔，神采飛揚，那年代的空軍可謂天之驕子，令人矚目。記不得是哪一年的暑假，不知爲何原因有一部分飛行員借住在學校的大禮堂，還借用我們幾間教室上課；有時，月色清明的夜晚，他們在操場散步，常引吭高歌，歌聲嘹亮雄壯，深深吸引住了我們這群少不更事的女孩，不禁爲他們的熱情豪放、凌雲壯志傾慕不已。暑假結束，空軍們回基地了，我們竟然有些悵然若失呢。但許多年後，二十中的女同學有多人變成空軍眷屬，或許是因爲當年那崇拜英雄的心理使然。

由於同學們都來自保育院（係抗戰時期蔣夫人爲收容淪陷區失學兒童所創辦），大家以校爲家，不論各人的家庭原來是貧是富，此刻都是一樣，我們承受國家的養育，衣、食、住，以及受教育，全由政府供給。老師猶如父母般愛護我們，照顧我們；同學相處融洽無間，親愛和睦如同兄弟姊妹。校長濮德超先生是位慈祥的長者，對我們學業、生活起居，樣樣關心，他沒事便四處看看，發現任何缺失隨即親自動手，他時常對我們說：「孩子們！好好用功唸書，要愛惜公物，一點一滴都是國家給你們的，要知道珍惜啊。」我們實在太年輕，太不懂事，何嘗懂得國家的恩澤。我們甚至說校長婆婆媽媽，嫌他囉嗦。

往事如煙雲，已經那麼遙遠了，但如今回想起來，仍歷歷如繪。我們沈緬於往日情懷中，忘卻了自身皆已晉升祖母輩，彷彿仍青春年少，稚氣未脫。有人提議唱學生時代的老歌，於是由淑儀領頭起音，大夥兒便跟著唱起來了。

我們唱「滿江紅」、「熱血」，唱「江南之戀」、「憶江南」、「江南好」、「夜夜夢江南」，以及「祖國之戀」、「我所愛的大中華」等，一連串的歌，唱個不停，還唱了兩首當年我們老師寫的歌，一首是音樂老師邢惕高先生所作的詞曲「舞水之濱」（舞水即柳樹坪和桃花溪之間的那條河），歌詞是這樣的：

舞水盪漾，流不盡的蒼涼；
兩岸高崗，野花寂寞的開放。
從上古流到今朝，從深谷流向遠方；
哭喊出山民憂鬱，和人間的憂患。
風蕭蕭，舞水寒，
側身東望，關山阻隔路茫茫；

我的心，我的淚，
一齊隨著舞水，流向大江之南；
我日夜思念著故鄉。
啊！舞水！
你知道我的故鄉被強盜侵佔，
我在你的哭喊中渡過數年痛苦的時光。
我愛舞水，我更愛我的故鄉；
江南的田園，夜夜在我心頭盪漾；
我要打回那生我養我愛我的故鄉，
我親愛的故鄉！

另一首「含羞草」爲一位張老師所寫：

含羞草，草含羞，受人指摘便低頭。
春天裡，草兒長得綠油油；
夏天裡，花兒開得紅溜溜。
含羞草，草含羞，漫生在山前和山後，

流浪的孩兒山中走，勾動了鄉愁不堪再回首。
往年此時家鄉草兒綠，青山牧童吹笛放春牛；
今年此時也該草兒綠，流浪的孩兒飄零在外頭。
風吹他鄉含羞草，家山千萬里，白雲空悠悠。
含羞草，草含羞，受人指摘便低頭；
草兒尚能知羞恥，流浪兒可記得海樣深的愁？
草兒尚能知羞恥，流浪兒可記得海樣深的愁!?

前者曲調緩慢，唱來幽怨悽愴；後者節奏較快，產生激奮之情。我們唱著、唱著，融入深深的感情，低迴不已。

窗外天色漸暗，已是向晚時分，大家記起各人的職責，還要回家燒晚飯啦。

我們期待著下一次的聚會，又在一起聊天，唱歌。我們唱往日情懷，也唱快樂的今天，並爲美好的明日而歌。

寫信

當初對寫作萌生興趣，或許是因爲我喜歡寫信的緣故吧！

抗戰時期，故鄉淪陷，父親設法託人帶我通過敵哨，逃往後方求學。自此與家人失去聯繫，十一歲的我，頓失親情依持，幼小的心靈難抑濃濃的鄉愁，於是將滿腹的悲傷和思念訴諸筆墨；當我想家時，就寫信給雙親，儘管信不能寄出，我還是不斷地寫。一封封無法投遞的信，隨著歲月的積聚而成厚厚的一大疊，我將它們裝訂成册，妥善地收藏著。

抗戰勝利，復員返鄉，我已長成十七八的大姑娘了，也在國家的教養下，由保育院而至高二的學生。回到家裡，重享與父母親人歡聚的愉悅之後，便迫不及待地把兩册厚重的信件交給父親。

晚間，父親在燈下仔細地閱讀我的信，我坐在一旁，見他凝神注目，專心地看著，有時翻到其中某一頁，不自覺的停住，面容哀戚，淚盈滿眶。我不知道自己寫了些什麼？但回憶那些流浪異鄉的日子，當時曾將心中的所思所感，點點滴滴流洩於紙上，字裡行間融注了眞情摯意；我也曾淚濕信箋，掩面哭泣，黯然神傷過。良久，父親抬起頭來看我，他慈祥的眼睛閃著淚光，讚許地說：「你的信寫得很好，可以練習寫作哦。」思索了一會接著又說：「欸，古文中有屬書信類的，如『樂毅報燕王書』、『司馬遷報任少卿書』、『李陵答蘇武書』等，都是委婉曲折，感人至深的好文章，你讀過吧？」我點點頭。記得讀那些哀婉悽惻，扣人心弦的古文時，曾令我欷歔不已。

父親的話鼓勵了我，以後負笈省城，我不但主編班上的壁報，而且時有作品見諸校刊，這可以說是寫信的副產品吧。

在學校除了給父母的家書外，還有以前要好的同學各人回到自己的家鄉後，距離遙遠唯有藉書信聯繫。好友梅先家在江蘇，考進了上海復旦大學，我在湖南長沙唸書，要想見面極爲不易。好在我們都愛寫信，她本來就具有文學的天賦，過去在校常獲作文比賽冠軍，鋒芒畢露；來信總洋洋灑灑，一寫四五頁，情文並茂，溢滿溫馨，我的回信也是密密麻麻幾大張，注入了濃濃的友情。我們在來往的信函中，分享著彼此的歡樂，也感受到關懷和喜悅。

此外與我通信最多的就是當時的男友（現爲我家老爺），他在杭州筧橋，正當銳氣風發，豪情萬丈的年代。他的信寫得很長，卻並非兒女情長，詞句中沒有情意纏綿，沒有甜言密語；往往長篇大論，寫的是對於現世的莊重，對過往的追懷，同時寓蘊了未來的策勵，偶爾也觸及學理的探究，進而參悟禪意哲思。我在讀信時可眞費腦筋，回信更不能馬馬虎虎，必須多看些書，認眞鑽研一番，唯恐內容貧乏，長他之志氣，滅自己威風。後來見面時他對我說：「給你寫信以及讀你的信，眞不輕鬆！」我心中暗笑：彼此，彼此。

信寫得多了，對文筆是一種磨練，用字遣詞，較能得心應手，下筆更是順暢流利。寫信也讓我們沈潛深思，與朋友切磋勉勵，不僅止於情感的交流，並能促使靈智互融，增進彼此的認識和了解。

婚後，我寫信的範圍又擴大了，何以言之？因爲不但自己有信要寫，還得代外子寫信。起因在於我的多管閒事，每見外子收到朋友或學生的來信，經常擱置書桌，久不回覆；我一向不喜拖延，來信即覆，不免在他耳邊嘀咕：「你該給人家回信了哦！」他望著我無奈地搖搖頭：「我太忙，實在沒時間，等幾天再說吧！」我默想當年他若是如此耽擱回我的信，豈不早吹啦！見我不作聲，他似乎靈機一動，有了主意，對我笑笑：「我眞的沒時間，乾脆你給我代寫好了。」隨即拿起桌上的信遞到我手中：「拜託！拜託！幫幫忙。」

好吧！誰叫我喜歡寫信呢。這以後就成了習慣，外子的信皆由我代勞。我倒名副其實的成了他的私人祕書，日久天長，彷彿是順理成章的事。我有時不免氣惱，眞想推掉這差事，不幹了！奈何經不起他幾句好話，我只得屈就，並非我很聽話，而是排除不了那份寫信的興趣。

說起來寫信也不全是付出，同時可獲得收信的喜悅，只因為自己常寫信，信箱才會顯得充實，予你豐盈滿足的回報。每回見到信箱裡有信就已夠高興了，何況讀信更是心靈的享受，帶來無比的溫馨與樂趣。

由於信多，郵差先生都已熟悉，見到時總是說：「你們家的信好多哦！」（包括了書刊和廣告）我便說：「麻煩你呀，謝謝！」「那裡，那裡。」郵差先生滿面笑容，絲毫沒有嫌煩的神色。台灣的郵政績效世界聞名，郵務士之負責盡職有口皆碑。

現代人生活緊張忙碌，似乎都不大寫信了，凡事以電話代之，甚至情書也不願寫，年輕男女談情說愛，在電話中唧唧咕咕聊個沒完。殊不知情書之溫柔細緻絕不是電話可以代替的，有些話，有些意思，必須寫信才能盡情抒發，暢所欲言，怎能藉電話表達呢？！

我們懷念離別的親人，或遠方的朋友，寫信最能表示心中的關懷思念之情，也讓收信人感到安慰和欣喜。尤其出門在外的子女，家中父母多麼殷切盼望，一旦接過綠衣人送來孩子們的信件，頓使慈顏開展，溫暖流遍全身。

儘管現在的交通便捷，郵遞快速，幾乎朝發夕至，不像古時送信之艱難，路途迢迢，甚或遭到「洪喬之誤」，信件付諸流水；如今拜科技文明之福，不致雁書難求，但是，任何時候，人們的感覺依舊，永永遠遠：「家書抵萬金」。

編織髮網的日子

生活中有些事情是永遠不易遺忘的。

那年（民國四十五年）冬天，我隨外子的調職由北部遷居到臺灣西部平原的小鎮，住進郊區的空軍眷村。

當時，我們的生活十分清苦，連吃水果也是奢侈。我已是兩個孩子的母親，三歲多的倫兒和兩歲的祁兒，正値成長中的幼年，由於缺乏足夠的營養，身體顯得較爲孱弱。每當水果小販的叫賣聲由遠而近，眷村的孩子們不約而同奔過去，我家小姐姐也拉著弟弟的手聞聲前往；孩子們聚集在水果小販的推車旁，眼睛睜得大大的，盯著那些香蕉、菠蘿、橘子和柳橙，嘴角垂涎欲滴。母親們趕去催著自己的孩子。

「快回去，快回去，有什麼好看的嘛！」

「這個不好吃，回頭我們上街去買。」「……」

我望著祁兒和倫兒，站在那兒不肯走，面對青綠橙黃的水果，其實我也有些嘴饞，於是，咬咬牙，將菜金壓縮到最低限度，抽出一點錢來買串香蕉和幾個柳橙，兩個孩子笑瞇瞇的跟我走回家。

我的心卻像有塊石頭壓著，有一抹陰影難以排遣，心想如何改善生活讓孩子們增加一點營養？外子的薪資有限，我暫時又無法兼顧家務及孩子出外上班，最好的辦法是有份在家裡可做的工作。

眷村的家庭主婦們，個個都很勤奮，她們相夫教子之餘，總是找份副業貼補家用，眼見她們替人縫製衣服、繡學號，或是織毛衣等，都沒有閒著，我也積極考量著覓得一份家庭副業。

就在此時，眷村村長召告大家：「眷屬們願意編織髮網的請到我這裡報名。」

「哇！太好了。」這消息令我喜出望外，立刻不假思索便去報了名。

其他有些眷屬也和我一樣，熱切地期待這個工作。過兩天，每人從村長手裡接過廠商送來的髮網材料，便開始動手編織，經鎮上婦女會一位小姐指導，做起來並不太難，只是起初有些手忙腳亂，慢慢地就習慣了。

髮網是用一種和女人頭髮極為類似的尼龍線織成，除了網狀圖形外，有的還要綴上彩色的亮片和小珠子。手裡編織那圓圓閃亮的髮網，心中同時也編織美麗的夢，想著不久就有一項額外收入，可以在飲食方面有所改善，還能給孩子們添製新衣，不禁滿懷欣喜，工作的速度也加快一些。

一個月下來，我領到將近兩百元的工資，雖未達預期的多，也差強人意了，我滿高興，當天晚餐加了菜，又買了水果，兩個孩子吃得津津有味，外子臉上堆著笑容，但看得出那是很勉強的。

外子並不贊同我做這個家庭副業，他雖未強烈阻止，不過我知道他心裡在嘀咕，有時他會說：「瞧你那麼辛苦，不要做了嘛，還不如我多翻譯幾篇稿子。」他在空軍官校初級班擔任學科教官，兼授太空科學等課程，偶爾翻譯些科技方面的文稿，他已經夠忙了，我怎忍心讓他增加更重的負荷。

爲了使髮網產量增加，我把工作時間延長，白天要料理三餐，還要洗衣服及照顧孩子，空餘的時間不多，只有等到晚上孩子們睡了，夜深人靜，才能安心趕工。我不知道自己是否變得有點神經質，只專注於編織髮網，有時不免疏忽了丈夫。

由於我努力工作，成績可觀，第二個月的收入多了一倍。這天夜裡，我照例工作很晚，直到眼皮重重的抬不起來，才站起身子準備就寢，轉頭一望，外子書桌上的燈仍亮著，我急忙跑過去：「這麼晚了，你怎麼沒睡？明天早上還要去上課呀！」

「這麼晚了，你怎麼也沒睡？」他頂回我的話：「看你那麼辛苦工作，我能睡得著嗎？我去圖書館借了幾本國外新寄來的雜誌，準備多譯幾篇稿子。」

凝視他充滿血絲的雙眼，我不禁心酸落淚，說不出話來。

他緊緊握住我的手說：「你知道嗎？這兩個多月來，你瘦了好多，不能讓你和孩子們過好一點的生活，我很難過，所以我以後要多譯些東西，你不要再去編織髮網了。」

接著他指指桌上的書籍雜誌又說：「這些日子你愛看的書都沒翻動過，捨棄了你的愛好去編織髮網，就只爲了賺那點錢值得嗎？我不希望你這樣。那些雜誌上有女作家寫的文章，我相信你也能寫，以前你在學校時不是編過壁報、還在校刊上發表過作品，爲什麼不去做你能做又喜愛的事呢！我擔心你把自己也編進一個網裡，掙脫不出。」

夜深了，我躺在床上，不能成眠，反覆思量外子說的話，我知道他心裡上有種壓力，我能體悟他語氣裡的心疼與關懷。

編織髮網到第三個月滿，我便停止了這個家庭副業。此後開始學習寫作，雖然寫作也是一條艱辛的路，但畢竟是自己的愛好和興趣，感覺上是不同的。

如今，幾十年過去了，我們的生活比當年好得太多太多，在舒適幸福的歲月裡，仍不忘那段編織髮網的日子。

阿三哥

十多年前，搬到永和新居，發現從巷子口出去的大馬路轉角處，有一家小吃店，招牌稱爲「阿三哥」，我和孩子們都覺得這店名十分新奇有趣。由於店門前就是好幾家公車的站牌，我們常在那兒等車，總是習慣地說：『到阿三哥搭車！』

時間一久，對「阿三哥」逐漸熟悉。這是一個中年婦人開的。她的丈夫年前因車禍去世。爲了生計，便帶著兒子租下這爿店面。賣些肉羹麵、擔子麵、貢丸湯等小吃，夏天還兼售蜜豆冰、冷飲等。經常有個十六七歲的大男孩，在店裡幫忙，那就是老闆娘的獨子，名字叫陳鼎三，小的時候家裡人都叫他「阿三」，所以他們取用了「阿三哥」這個店名。阿三就在附近一個高工職校念書，課餘幫助母親在店裡做些打雜的工作。

偶爾，我出外回來，下車後也會到「阿三哥」吃碗擔子麵或貢丸湯。老闆娘每次都是滿臉笑容地招呼，立即送上一杯茶，讓我頓時有一種溫暖的感覺。有時候阿三正好在家，他便會走過來，禮貌地叫一聲：『伯母，要吃點甚麼？』我覺得好親切。阿三長得清秀，眼裡透著慧黠的光，服裝永遠是整整齊齊，乾乾淨淨的。更難得的是他沒有自卑感，遇到挑剔囉唆的客人，他一樣耐心地提供服務，和顏悅色地對答，絕不會有不耐煩的表情。店裡的桌椅、用具，始終保持整潔光亮，看了使人很舒服，所以「阿三哥」小吃店的生意一直很好。

老闆娘忙完客人，偶有多餘時間，我們會談上一陣。

『阿三很聰明，功課一定不錯吧？』

『還可以啦。』老闆娘笑了，顯然對兒子很滿意。隨即她又黯然地說：『要不是他爸爸去世，我們也不會來開店，這會耽誤孩子念書哇！』

『其實，自食其力更可以促使孩子成長。阿三很懂事，將來不會讓你失望的。』我由衷地說。

『謝謝誇獎。』她神情開朗了一些，『當初我決定要做小吃店生意，阿三並沒有反對，店名還是他想的。他放學後，便幫我忙這忙那，直到夜深，纔能看書做功課，毫無怨言。老師知道情形，經常給他鼓勵。有些同學還來這裡幫忙呢。』

星期假日，我從那兒經過，常常見到一些學生在店裡，大概是陳鼎三的同學吧？年輕人嘰嘰喳喳的聲音，熱情洋溢，小店彌漫歡樂的氣氛，可見阿三頗得人緣，同學都對他很好，不僅照顧小吃店生意，同時還幫忙端盤端碗，照應客人，沒有誰會輕視他。

有好幾次深夜，我自臺北回家來，下車後附近的商店都打烊了，只有「阿三哥」店裡的燈還亮著。一眼望過去，阿三正在燈下靜靜地看書，他母親坐在一旁編織毛衣。看到這對勤勞奮發的母子，內心油然湧起一份敬意。

曾聽老闆娘提起過，阿三畢業後準備繼續升學。她說：『孩子有心向上，我當然也希望他多念點書。可是又要幫著我料理店務，不知道將來能不能考取。』

一年以後，大專聯考放榜了，我去「阿三哥」店裡，老闆娘告訴我，他兒子考上臺北工專夜間部，錄取第一志願電機工程。阿三在高工就是念電機科，現在是如願以償了。

『恭喜呀！我就知道他一定會考取的。他那麼用功。』我似乎也分享了一份喜悅。

『總算考上了。』老闆娘掩不住高興，笑得很開心，但是又惋惜地說，『他的成績是能進日間部的，可是阿三堅持要報考夜間部。他說這樣白天有時間照管小吃店。』

上了專科學校的陳鼎三，仍然像往日一樣樸樸實實，對人溫和有禮，不以目前的環境爲恥，認眞做他該做的；稍有空閒，便埋首書本，生活過得踏實而自在。

時光無聲地流逝，「阿三哥」在這一帶小吃店中，樹立了美好的形象。他們和和氣氣做生意，所售食物價廉物美，清爽潔淨，踏入小店，便使人感到舒適和溫暖。

兩年前的暑假，我旅美一段時日，回來後，驀然發現「阿三哥」的招牌不見了，小吃店也換了主人。我向新店主打聽，他告訴我陳鼎三工專畢業後，考進了電力公司，分發在基隆上班。他們母子已經搬到基隆去了。

原來阿三開始新生活了。他一直努力不懈，勤勞克苦，為自己鋪路，此後將會朝著他的理想前進。

如今，我搭乘公車的時候，仍然習慣說「到阿三哥搭車」。雖然「阿三哥店」已經不存在了，內心卻常懷念那個小吃店，更懷念那慈祥的老闆娘，以及她孝順上進的兒子。阿三在困苦的環境中力爭上游，走過坎坷，終於踏上坦途，我為他的未來祝福。

鳥籠

家住公寓的四樓，屋頂平臺上有一個小小的花圃，蒔花是我和鯤兒共同的興趣。每逢假日，我們便一起到陽臺整理花木。鋤鬆泥土，拔草除蟲，或是接枝壓條，忙得很起勁，樂在其中。

有時候，飛來幾隻鳥雀，停在花樹上，牠們「吱吱喳喳」，像在說話，又像歌唱，聲音清越動聽，使靜寂的空間頓時變得熱鬧起來。小鳥兒喜歡在花木的枝椏上跳來跳去，活潑輕盈，自由自在。牠們似乎旁若無人，一派天眞，盡情地施展嘹亮的歌喉，不由得使人心生喜愛。

一天傍晚，我正在廚房裡燒晚飯，鯤兒放學後在樓頂澆花，忽然聽到他的叫聲：『媽，快來看哪！』隨著聲音，人也衝進了屋子。

『甚麼事？』我急忙迎過去。

『媽，你看，牠受傷了。』鯤兒手中捧著一隻小鳥兒，對我說，『剛才在花圃裡發現的。

這隻小鳥兒站不起來，大概是腿受傷了。』

我接過小鳥兒，牠的眼睛滴溜溜地轉著，只是腿不能動。

鯤兒拿了紅藥水、消炎藥膏，以及紗布，很小心地替小鳥兒擦藥水，敷藥膏，又用紗布包紮好，然後讓牠躺在一個空的奶粉罐裡。

我和鯤兒輪流照料小鳥兒的飲食，還爲牠換藥。過了兩三天，小鳥兒恢復了生氣，偶然拍拍翅膀，試著想飛，只是仍然站不起來。

鯤兒特別到街上買了一個鳥籠，掛在門前陽臺的走廊上。他說：『小鳥兒看來好多了，不能讓牠老躺在奶粉罐裡，我們得給牠一個房子住。』

又過一些時日，小鳥兒完全復原了。牠不時在籠子裡跳動，而且「唧唧」唱個不停，顯得很靈活。鯤兒從學校回來，進門以前總是看看鳥兒，對著籠子吹口哨，小鳥兒也鳴叫幾聲，好像在相互唱和。閒的時候，我在廊前走走，欣賞花架上的盆栽，也看看小鳥兒，看牠優閒地啄食飼料，低頭飲水，又仰起脖子理理羽毛。雖然牠長得灰撲撲的，並不漂亮，可是嬌小玲瓏的模樣，十分可愛，我愈來愈喜歡牠了。

有一個家中養鳥的朋友來看我，見到廊前的鳥籠，非常詫異地說：『你不是說沒有時間養鳥嗎，怎麼現在又養啦？』

記得她曾經要送我一對羽毛頗爲美麗的錦鳥，我卻婉謝了，我說沒有時間飼養那樣的嬌客。

當我告訴她這隻小鳥兒是受傷才收留的，她走過去看了一下說：『好難看哪！我給你那樣漂亮有價值的鳥你不要，卻養一隻這麼醜的鳥。』

我笑笑，未加解釋。其實美和醜是難以界定的，鳥類也有價值觀念嗎？牠們對自己的同類應該是一視同仁的吧？所謂的貴賤，還是由人類爲牠們分的。

不知道是不是因爲廊前小鳥兒的鳴叫，常會吸引衆鳥飛來花架上嬉戲。我在室內，經常聽到窗外小鳥兒的啁啾。開始是滴落銀瓶般的兩三聲，隨後變成一呼一應，接著便是大夥兒的「合唱」了。當我開門出去瞧瞧，牠們便立刻飛走了，只有籠子裡的小鳥兒睜大眼睛，默默地向外張望。牠是那麼孤單、落寞！牠在想念親友嗎？牠原是屬於廣闊的天空，關在籠子裡，豈不是剝奪了牠的自由？是否應該放走牠呢？但是鯤兒很喜歡牠，我又何曾不是？相處數月，實在有一股難捨的情懷。

有一天，寒流過後，出現了陽光，暖暖的冬陽，照射在陽臺上，一片明亮。沐浴在冬陽下的籠中小鳥兒，活潑地跳躍，好像想飛出去的樣子。我和鯤兒在陽臺上整理盆栽，看到這景象，試探著對鯤兒說：『小鳥兒好可憐！』

鯤兒側過頭，望望鳥籠，說：『那就把牠放了吧！牠的腿完全好了。』

鯤兒倒滿乾脆，隨即去拉開鳥籠的門。起初小鳥兒似乎有些驚惶失措，過了一會兒才慢慢跳出籠子，先站在花架上伸展翅膀，然後奮力飛向天空，重返大自然的懷抱。我們望著牠越飛越遠，變成了一個小黑點，消失在遠方。我心頓感失落了甚麼，然而又滿懷欣悅。

沒有小鳥兒的鳥籠，依舊掛在廊前，好幾次外子提到：『不養鳥，何必留著籠子？丟了吧！』

『不要，不要。』鯤兒和我同聲反對。他又補充一句：『說不定還會碰到受傷的小鳥兒。』

看到廊前的空鳥籠，便想到曾有一隻受傷的小鳥在這裡暫住過，而且歷劫歸去，重新展翅飛回天空。那是我和鯤兒一段美好的回憶。

紅磚道上

許多年來，在紅磚道上漫步，幾乎成爲他們生活的一部分。

猶記剛從南部遷來台北市郊的這個社區後，他和她正愁著密集的公寓四周，難覓一處散步的地方。有一天，突然發現離家不遠的一所國民小學，圍牆外面有條長而寬以紅磚鋪成的人行道，兩人喜出望外，此後，他們又恢復往日住在南部小鎮時每天早上散步的習慣。

這所國小的校園相當大，後面有廣闊的操場，平日開放供附近居民晨間運動，打太極拳、舞劍、慢跑、跳土風舞等，在小朋友上學之前，晨光微曦中，整個操場已被不同年齡層次的人群，喧騰起健身熱潮。

他和她並未捲入這股熱潮中，只是沿著低矮的圍牆，在紅磚道上悠閒漫步。校園內群樹濃蔭掩映，枝葉越過矮牆，高高撐著綠色巨傘；四季不同的花卉，在牆內怒放豔麗繽紛，隨著輕風，不時地飄送來陣陣撲鼻芳香，常使他們醺然欲醉。

他倆並肩緩緩走著，不曾手挽手，更不曾緊緊依偎，屬於熱情浪漫的青春歲月已逐漸遠逝，兒女們一天天長大，先後成家立業。回過頭來，還只是他和她兩人，才真正感覺到「相依爲命」，兩顆心親密相繫。

在紅磚道上漫步其實不止他和她，還有幾對中年以上的夫婦，而每次必然碰到的則是一對白髮皤皤的老年伴侶，相攜徜徉，老先生瘦瘦高高的還稱健朗，老太太稍顯肥胖龍鍾，所以總是老先生扶持老太太，看在他和她眼裡，有一份感嘆，也很羡慕。他輕輕對她說：「瞧這老夫婦倆多麼恩愛情深，以後我們老了，也應該是這樣。」她望他一眼，「我們現在不就是這樣嗎！」她低聲地哼唱起那首「白髮吟」：「親愛我已漸年老，白髮如霜銀光耀，……」他也應和著：「唯你永是我愛人，永遠美麗又溫存；唯你永是我愛人，此情終古永不改。」兩人不禁發出會心的微笑。

有次，他們漫步時不知怎麼談起了生死問題，她說，相愛的人如果能白首偕老，走到人生終站一同歸去，那該多好。他立即反駁，怎麼可能，總有一個先，一個後嘛。接著他又說：「如果將來大去時，我倒希望自己先走，請你原諒我的自私，我實在不能承受失去你的痛苦！」

「我說東，你就說西。」她微嗔地嘟起嘴：「說些不吉利的話。」

「還不是你先提起來的。」

兩人不再說什麼，默默地走回家，她先開門進入屋子，便急急忙忙去倒杯茶，遞給尚未坐定的他。

「忙什麼嘛。」他接過茶，另一隻手卻握住她，「坐下來歇歇，走得也累了。」

此刻他們心中想的是同一件事：誰也不能失去誰。

這之後不久，一向不生病的他染患了感冒，以爲沒有什麼大不了，照舊去學校教課，回家後晚上仍繼續撰寫報刊的專欄，可是感冒一直未癒，而且越來越厲害，並覺得腹部疼痛，她要他去醫院檢查，打電話告訴住在台中的兒子，兒子請父親立即前往台中榮總醫院，他在那邊可就近照顧。

檢查結果，豈知竟是肝臟病變，已相當嚴重，醫師囑他停止工作，住院診治，要悉心療養。這不啻是晴天霹靂，她亂了方寸，哭泣著：怎麼辦呢？他反而鎮定的安慰她：「別急，住進了醫院，聽憑醫師處理。」

經醫療後，他的身體似乎好了起來，但病灶仍未解除，過一段時間又需住院。在回家休養時，由於身體虛弱，他們未能再去那條紅磚道上漫步，好幾次他對她說：「抱歉，我不能陪你去散步。」

「等你好了以後我們再去散步吧。」她極力忍住欲滴的淚水。

可是他並沒有眞正好起來，六次進出醫院，最後一次再沒有走出來，終於撒手歸去。

他走後的日子，對她來說，天地已然變色，一切似乎都失去了意義。兒子媳婦留她在台中住，她卻堅持要回到台北家裡，回到她和他曾經朝夕廝守的地方，感覺他依然就在她的左右，面對他的遺照，音容宛在，她可以向他細訴衷曲。

她把自己禁錮起來，除了買點簡單的食物，很少出門，更遑論去紅磚道漫步，她怕面對往日那些同行者，尤其怕見到那親密相攜的老夫婦。

假日中，兒子媳婦帶著孫女兒來看她。清晨，媳婦早起爲她料理家事，並要讀小學五年級的女兒陪奶奶出去散步。她意興闌珊，提不起腳步，孫女兒撒嬌地拉著她的手：「奶奶，快點啦！」便不由分說向外走去，不知不覺地她又走向那所國小牆外的紅磚道上。一切都沒有變，樹木還是那麼蔥籠，花兒還是那麼鮮麗耀眼，行人依舊親切地頷首招呼，那對老夫婦走過來並停下問：「這是你的孫女兒嗎？」

她點點頭。老夫婦倆幾乎同聲讚嘆著：「孫女兒都這麼大了，你眞好福氣。」

在過往的閒話家常中，她知道他們唯一的兒子早年已經去世。

她驀然體悟，人生不可能十全十美，免不了有些缺陷，自己也曾擁有過美麗的青春，也曾擁有過眞摯的愛情，何嘗沒有可資人羨慕之處？如今兒孫繞膝，應珍惜這份已有的幸福，無怨無懼，努力把握每一個日子，充實生活，忘卻過去的痛苦哀傷，好好地活下去。

一瞬間，她心靈澄明，胸中塊壘消失，眼前亮藍的天空，朝陽正冉冉升起。

那年在美國

翻看照片時，發現那年在美國拍的一張照片，立刻憶起了當時的情景。

民國七十八年六月四日那天，我們參加「美東之旅」從臺灣來的一行三十人，到達了美國第二大都市芝加哥城。中午，在一家中國餐廳午餐，老闆激動地告訴我們，北平天安門凌晨發生慘案，每個人凝神聆聽，大家都食不下嚥，爲死難的同胞哀悼落淚。

在餐廳裡，那世外桃源一般的中國山水凸顯的秀逸國畫，掛在壁上、描在檀木屏風上、繪在花瓶及古玩之間，當目光觸及它們，使我想起遠在中土的老家，少年時居住的四合院平房和花木扶疏的庭院，想起客歲秋天回大陸探親，所見的荒涼破敗，我曾心酸淚下，但親友們告訴我：「現在已經好多了。」「在鄧小平的改革路線下，慢慢更會好轉。」「文化大革命的情形肯定不會再有了。」當時我也和他們一樣相信，「中國」未來會變好，中共領導階層在以往的痛苦中應獲取教訓，不致再殘害人民。曾幾何時，反覆無常的中共政權又兇殘地製造了天安門的慘案，全球爲之震驚，海內外的中國人爲之心碎，悲憤而傷痛。

午後，我們的遊覽車駛經市區，只見一列中國人遊行的隊伍通過前面街道，他們有些頭上繫著白色布帶，有些手臂帶著黑紗，高舉標語：「血債！血債！」「還我同胞命來！」「打倒李、楊」「鄧小平下臺！」「消滅共黨暴政！」義憤塡膺、熱血沸騰的情緒，寫在每個人的臉上。他們齊聲吶喊自由、民主、拯救苦難的大陸同胞！這時我們坐在車上的人，紛紛打開窗戶對準遊行的行列拍照，並伸出手猛揮，彼此相互呼應，由於民族深沈傷痛的衝擊，關懷故國鄉情的召喚，充分流露出眞誠的同胞愛，緊緊綰繫了海內外中國人的心。

傍晚時分，導遊帶領我們到密西根湖畔，欣賞這美國五大湖之一的名湖風光，湖濱公園濃蔭華蓋下綠草如茵，湖畔挺立著圓形雙柱的馬西爾斯大廈，湖水波光瀲灩，美景當前，卻失去了遊覽的心情。記憶深處是甲天下的桂林山水，是詩情畫意的西湖，心痛那樣美麗的錦繡河山，在不合理的政治制度下，籠罩層層陰霾；記得赴大陸探親時曾走訪過北平天安門廣場，許多觀光客四處攝影留念，秋陽臨照，一派平和景象，怎能想像今天那兒變成了血腥屠場！我們在旅途中，已數日沒有閱報和收聽廣播，甚至也沒有接觸螢光幕，驟然間聽到那樣的噩耗，簡直不能相信中共領導者狠心下令他們的士兵，去槍殺手無寸鐵的學生及無辜民衆，以坦克輾碎那些稚嫩年輕的身軀……，他們泯滅了人性嗎？如此殘酷地對待自己同胞，尤其是二十來歲的年輕人！

站在湖畔草地上同遊的旅伴，激憤地談論著，大家關懷「北京」情勢的發展，鄉愁裹住了每個人的心，儘管身在美國，「北京」那麼遙遠，但血脈相連的同胞愛，跨越了空間的距離，貼近在胸中激盪。

有兩個在湖畔漫步的青年，也是黃膚黑髮的中國人，大概是聽到了熟悉的母語，朝我們這群人走過來。他們是中共的公費留學生，家在北平，上午已從廣播中得知故鄉「屠城」的訊息，他們悲痛萬分，憤然參加了午後市區中國人遊行的行列，聲援大陸民主運動，抗議中共罪行。

其中一人含淚說：「家裡的情形不知道，守在天安門廣場和大夥同學靜坐爭民主的弟弟生死不明，如果弟弟死了，我那體弱多病的母親怎麼活下去？」

「中共政府太殘暴，太卑鄙了！」另一人憤恨地咬牙切齒：「我一些同學和朋友都在天安門絕食請願，他們爲了中國民主化進程、爲了十億人民的自由幸福，他們的取向原則是和平、理性的。有人舉著請願書在人民大會堂前長跪，『人民政府』不予理睬，居然以血腥手段鎮壓，眞是喪心病狂，太可恥了！」

我們同被血淚交融的鄉愁浸染，心中糾結著傷痛，想著那些在天安門倒在血泊中的年輕孩子，都是父母心疼的骨肉，熱淚忍不住奪眶而出。

密西根湖畔強勁的風吹散不了心中愁緒，我們滿懷悲痛離開了芝城。

隨後所到之處，見到的海外中國人，莫不關懷「天安門事件」，聚精會神的閱讀新聞報導，收聽廣播和觀看電視最新訊息；也見到各地的中國人集會遊行聲援大陸民運，呼籲同胞們團結奮鬥。

如今時間過去多年，心痛的感覺仍然未止，但值得寬慰的是，由於發自天安門的民主運動，已激起大陸人民的覺醒，深信學生們以生命燃燒的民主火炬，必將照亮中國大陸每個角落。

歌聲喚起往日回憶

流光逝水冷卻了曾經沸騰的熱血澎湃，七月七日那轟轟烈烈的抗戰紀念日已進入歷史，六十多年後的今天，或許有人早淡忘了，甚至現代一些年輕人，根本不知道「抗戰」這個名詞。

但生長在抗日戰爭那個時代的人，都難以忘懷：侵略者的鐵蹄踐踏我美麗河山，殘殺我無辜同胞，多少人田園家產化爲灰燼，多少人在敵機的轟炸和炮火下，橫屍遍野，血肉模糊，喪失了寶貴的生命。

山河泣血，歷史在淚水中寫出，慘烈的景象令人震撼。烽煙蓋地，戰鼓驚天，喚醒了中華民族魂，人不分男女老少，地不分東西南北，全國軍民奮起抗日，投入生死存亡的戰鬥中。

當時年少的我，離鄉背井，奔向抗戰的大後方，和許多從淪陷區逃出來的青少年們一樣，都是以校爲家的流亡學生。課餘，在老師的領導下，我們不管烈日風雨，前往街頭巷尾，或偏僻的鄉間去演講、貼標語、呼口號、唱抗戰歌曲，期能激起同胞們對日抗戰的同仇敵愾。

抗戰歌曲代表了那個時代的心聲，多少慘痛的悲泣，復仇的怒吼、救國的呼號、戰鬥的誓言，都轉化成波瀾壯闊的歌潮，激盪著民族的情感，凝聚成中華國魂，也是大衆精神力量的活水泉源。

流亡學生們都喜歡唱歌，欲藉歌聲牽引回憶，抒發情懷。我們唱「流亡三部曲」、「巷戰」、「游擊隊歌」、「抗敵歌」、「犧牲已到最後關頭」等，於是熱血在胸中沸騰，年輕的心激昂慷慨，滿腔悲憤；也唱「憶江南」、「江南之戀」、「夜夜夢江南」、「故鄉月」等，撩起了對家園的無限思念，不禁淚盈滿眶。

音樂發揮出一股無形的力量，撼動靈魂深處；抗戰歌曲充分表現了抗戰精神，一種壯懷激烈，熱情澎湃的愛國情操。多少英勇志士拋頭顱灑熱血，「十萬青年十萬軍」的豪情壯舉；全國上下，群策群力，團結奮鬥，終於贏得了抗戰光榮的勝利。

許多許多年過去了，如今我們在自由的天地，幸福地生活著。那曾經在我們生命中激盪的國仇家恨，那艱苦慘痛的抗戰血淚史，卻深印在心版上，永遠不會遺忘。

十多年前，一群文友，由於大都是從抗戰中走過來的，相聚時不免沈湎於往日情懷中，大夥兒唱起塵封已久的抗戰歌曲來，只要一個人開頭，你一句，我一句，其他人都接著唱。

「我的家，在東北松花江上……」

「泣別了白山黑水，走遍了黃河長江，流浪、逃亡……」

「旗正飄飄，馬正蕭蕭，槍在肩，刀在腰……」

「我們都是神槍手，每一顆子彈消滅一個敵人，我們都是飛行軍，那怕山高水又深……」

「中華錦繡江山誰是主人翁，我們四萬萬同胞。須奮起，大衆合力將國保。群策群力團結牢，拚將頭顱爲國拋！……」

唱啊！唱啊！昔日的情景又重現眼前，太多的回憶，太多的懷念，太多的激情，都融於歌聲裡。

後來，大家有了默契，聚在一起時就會唱這些老歌，人數逐漸增加，於是組成了文友合唱團，並請來音樂老師指揮，每星期固定有一天練習。

長久以來，文友合唱團團長邱七七女士領導我們，在每年的七月七日，都要對外公開演唱抗戰歌曲，曾獲得熱烈的回響。這支歌唱隊伍，也曾登上國家音樂廳舞台，以及遠赴國外演出，頗獲佳評。

卷四　閱讀筆記

讀　寫　之　樂

永遠的大師林語堂

我從未見過林語堂先生，他卻是我心目中永遠崇敬的大師。學生時代，讀過林博士的「開明英文讀本」及「開明英文法」；後來從媒體的報導，以及他的著作中，知道林先生不僅是位學者、作家、智者，更是位中外聞名的幽默大師。

林語堂先生十七歲時以第二名的成績畢業於故鄉福建尋源中學，然後赴滬考入上海聖約翰大學就讀，由於語文特異的天賦，至二十一歲畢業這段期間內，接連獲得英文論文、小說、辯論等多項獎章及獎盃。當時因上台領獎次數太多，他的名字轟動全校，以及鄰近的聖瑪麗女校。林夫人廖翠鳳女士即當年聖瑪麗的學生。

一九二〇年，林語堂先生結婚後出國留學，經四年拿到博士學位，回國擔任北京大學英文教授，結識了許多文人，如胡適、錢玄同、劉半農、魯迅、徐志摩等，大家一起辦雜誌，寫文章，自此開始了他的創作生涯。

那個時期，林語堂先生在國內創作甚豐，但他很想寫一本書，希望越過語言的隔膜，使外國人對中國文化有比較深入的了解。便在一九三四年以英文撰寫「吾國與吾民」，於次年九月在美國出版，登上暢銷書排行榜，使林語堂在外國一舉成名，這本書在歐洲譯成多種文字，同樣受歡迎。第二年出版了中文版，在國內，自然也變成響噹噹的人物。

民國六十九年，我第一次讀到「吾國與吾民」，印象很深。全書分為兩部分，第一部分談中國人生活的基礎，種族、思想、心理上的特質，第二部談中國人生活的各方面：婦女、社會、政治、文學、藝術等，行文豪放瑰麗、優美而幽默。林先生對中國有著深切的體認，坦誠、信實而又毫不偏頗地論述自己的同胞，最後一章針對中國社會積習呼籲改革的錚言，乃眞情的流露。他在自序中說：「這是我經過長時間苦思苦讀和自我省察所收穫的。」賽珍珠(Pearl S. Buck)女士在序中末段寫著：「『吾國與吾民』的著作者是一位中國人，一位現代作家，他的根本鞏固地深植於往昔，而豐富的鮮花開於現代。」其實，這本書中國人都值得一讀。

以後我又讀到林先生的「京華煙雲」和「生活的藝術」。「京華煙雲」是部長篇小說，也是林先生分量最重的巨著，我很喜歡這本書。全書以庚子義和團之亂始，至對日抗戰政府西遷止，其間四十年來中國的政治、社會、戰爭等為內容，可說是部鮮活的歷史，書中的喜、怒、哀、樂，描寫得極為生動，刻劃入微，不止如此，更重要的是含蘊了哲學思想，由人物的對白、行動中暗喻，表達出那自由開放、豁達輕鬆的道家思想，也是該書的特質，所以評論家認爲「京華煙雲」是繼「紅樓夢」之後，現代中國的一本小說傑作。

「生活的藝術」是林語堂先生以幽默的筆調，深入淺出地抒寫中國人生觀，洋溢著他別出心裁的思想觀念，所透露的生活科學令人著迷，使讀者有親切感。此書在美國出版後立即成爲暢銷書，也被譯成十幾種不同文字，當時林語堂不僅是美國文壇的熱門人物，並確定了他在國際文壇的地位，更爲華僑和中國留學生揚眉吐氣。

林語堂先生自一九三六年赴美，從事寫作、研究、講學，在國外三十年，雖受西方文化薰陶，但一直執著於中國的文化思考，熱愛自己的國家與同胞。一九六五年，他決定與夫人回國定居，住在風景秀麗的陽明山仰德大道，繼續研究學問及寫作。

林先生出生於基督教家庭，又在基督教學校受教育，但後來卻對信奉的宗教懷疑，這在他的「信仰之旅」一書中有著詳盡的闡述。晚年，他重回基督教，是發現某些基督徒，將耶穌的仁愛和謙卑，在生活上流露出來，使他深受感動。他認爲人要用心靈和誠實崇拜上帝，而不在乎形式。一九七六年三月的一個晚上，他走完人生的道路，一代哲人、可敬的幽默大師，平靜地安息主懷。

林語堂先生在世八十年來，著作等身，出版中英文作品及譯作六十多種，他曾說過：「要做作家，必須能夠整個人對時代起反應。」他做到了，所以他的作品可以傳世。

和諧的溝通

現今社會，由於時代急速變遷，人際關係日益複雜，如何使上情下達，下情上通，乃至融合各方意見，尋求調和的折衝點，就是「溝通」。

溝通是一門學問，也是一種藝術，它屬於理性的訴求，也包含感性的交流；善於溝通不僅可減少人際關係的挫折，更能使之趨向互動互惠，達到和諧融洽的功效。

祝基瀅教授所著「雙行道」一書，是有關傳播問題的作品，共六十一篇，分爲五大類：政治溝通、傳播與文化政策、大衆傳播、美國政情、感懷與時論。全書的主題即：「民主的生活方式是溝通的生活方式，溝通是傳播的終極目標。」

祝教授爲美國南伊利諾大學新聞學博士，且任教於政大新聞研究所，對傳播事業不僅內行，乃爲專家，享譽國內外，其見解之確切，言論之精闢，自不待言。因對民主生活方式之體念，以他淵博的學識，與對社會國家滿心關懷之情，提出睿智的看法，告訴我們溝通的管道何以阻塞？傳播爲什麼有時失靈！並指示可行之道及方向。

在政治溝通方面，他認為「政治傳播就是政治溝通。政治傳播的主要目的是希望用傳播者的政治思想、信念和見解去影響受播者，以建立政治共識。在政治傳播的過程中，政治眞誠的建立是互相溝通的結果，而不是一方強加諸另一方的單面要求。在達到政治共識之後，政府與民衆共同為共識之實現而努力。」

文中強調：「理性的政治思想，主張以理對理，政府與民衆以平等的地位，進行政治資訊的交流，而產生能為多數人接受的多元化社會價值。」並說：「政治溝通是以政治道德為原則，以政績為內容；以政治道德提升溝通之層次，以政績充實其內容。」

在傳播與文化政策方面，作者首先對一些先進國家的傳播政策詳加分析，以他們的政策研究重點和成就，作為我們的借鏡，說明「政策必須合乎人民的需要，必須合乎國家發展的需要；換言之，任何政策必須為實現國家發展之目標而服務。」現代的傳播媒介問題，正如環境保護、能源使用和交通問題等，對社會帶來衝擊力，這種衝擊是世界性的，各先進國家無不重視此問題，積極從事政策性的研究，並在政策的方向上及做法上提出革新。因而作者呼籲有關決策者「重視全面性的傳播政策之研究。……我國傳播政策應建立在三民主義基礎上，保障國家的利益，發展傳播科技，使我國在世界的傳播科技上佔一席之地。總之，傳播政策之釐訂應以達到自由、民主、均富為目標。」

中華文化源遠流長，久爲外國人敬慕，但是我國社會上有些人，對中華傳統文化似乎抱著不能容忍的態度，以爲講傳統就是保守、倒退、復古；以爲講傳統就不要創新，這是錯誤的觀念。祝教授對我國未來的文化建設，他的看法是：「在國際文化交流頻繁中，民族文化一方面要保持其民族性，另一方面也要發展其世界性。傳播科技的發達打破了國域的界限，民族文化與世界文化並不互相對立、互相衝突，它們是兩個生生不息，互爲效應的有機體。在討論新傳播媒介時，不可忽視民族傳統的傳播媒介；一個國家應發揚固有文化，也需輸入外來文化，來創造新的文化，故爲今後中華民國文化建設繪製藍圖，要放眼全中國，放眼全世界。」

大衆傳播可以說就是新聞事業，新聞事業的功能在「改善人民的生活、保障社會的生存、發展國民的生計、繁衍群衆的生命，故新聞必須服務民生。民生制度中的新聞事業，不論是公營或私營，都本著以服務爲目的之宗旨和仁愛精神，爲發揚民族倫理道德，推進民主政治，發展民生均富，實現世界和平而努力。」

近來部分傳播媒體未顧及社會規範的正面價值，不但未盡「激濁揚清」和發揮「揚善抑惡」的功能，甚至反其道而行，置是非、善惡、眞僞不明，誤導大衆，乃至使社會秩序趨於動盪，民生福祉遭受影響，實乃當前新聞事業嚴重的隱憂。

祝教授身為新聞教育工作者，對新聞記者及傳播從業人員寄予無限厚望，在「雙行道」有關大眾傳播類的篇章中，特別提到新聞從業人員的責任問題，也就是道德問題。他說：「新聞教育最主要任務在於培養新聞工作者的道德觀念；新聞工作者的採訪能力、寫作能力、編輯能力之訓練都是新聞教育之次要問題。同樣的，一位卓越新聞工作者之成功也是以道德行為為其先決條件，專業的能力是新聞工作者成功的次要條件。因此，一個國家新聞教育的成敗，取決於新聞教育的成果——新聞工作者——是造福社會，還是貽害社會。」可見道德之於新聞事業何其重要。傳播界肯擔負社會責任，具有道德勇氣，則有助於社會大眾各方意見之溝通。

書中最後兩類在介紹美國政情和感懷與時論中，也貫穿著溝通與傳播的理念及實例。美國有他們的問題，我們國家也有我們的問題，這些問題隨政治發展而來，也是「轉型期」的過程與現象，如果不談溝通，任少數人違法鬧事，製造混亂，甚或形之暴力，實在是對「民主」的最大諷刺。

「雙行道」是本深具意義的書，因為溝通是目前社會需要的課題，溝通是有來有往，有進有退，有取有予的傳播過程，唯有和諧的溝通，才能保持家庭的幸福，社會的安定，國家的統一，及世界的和平。

生命的真諦

一個人的年齡，只是生命的進程，又能代表什麼？如同葉子初生、茁壯、成熟、凋零，是自然現象。但在成長的過程中，吸吮大地的清新、萬物的靈氣、宇宙的奧秘，可以使之價值改觀，有著不同的意義。

由簡宛女士所譯的「一片葉子——生命的故事」，是美國作家利奧・巴士卡力的詩集，這本書爲生命作了最好的詮釋。

作者利奧也是位傑出的教師，任教於南加州大學教育系。他的作品中處處充滿對人間的愛與關懷。幾年前，我曾讀過他的暢銷書「愛・生活與學習」，深爲感動，在該書中除了注入學術知識外，更充滿了溫馨與睿智。他關心人類，擁抱萬物，探索有關宇宙的眞理和奧秘，給予讀者新的挑戰與激勵。他心泉的源頭來自大自然中原始的純美，就像這本書「一片葉子」。

利奧透過敏銳的心思，吸取拂過他眼簾的事物，即使一片葉子，也呈現出生命的脈動。

他把葉子擬人化，並爲它們按上名字。「小葉子費迪漸漸長大了，它初露幼芽於春天。」費迪看到周圍許多和它彷彿相似的樹葉，可是卻沒有完全長得一模一樣的。

它和其他的葉子一起成長。

「在春日的和風中輕舞」

它最要好的朋友唐寧是樹幹上最大的葉片，唐寧用充滿智慧的口吻告訴大家：

「它們都是樹的一部分，大樹有很深很壯的根埋在地下，濃密的樹葉是鳥兒晨唱的歌壇，也是日月星辰照耀成長的生命。」

費迪愛煞了做一片樹葉的欣喜。

當夏日來臨時，常常有人坐在樹蔭下乘涼。唐寧說：

「給人涼爽是樹葉存在的目的之一，就是活著的原因。」

費迪深感生存的意義而歡愉。

接著是蕭瑟的秋天，轉瞬之間，葉子變了顏色，費迪滿心疑惑，唐寧爲它解釋，這就是生命的歷程，是必然的現象，最後將在寒冬的風雪中悄然墜落。

終於有一天，冬日的初雪開始飄落，費迪被冷冽的風從樹枝上搖落地下，這時它看清了樹的全貌，肯定是一株長存不倒的大樹，想到自己曾是樹的一部分，也曾付出了愛，奉獻了力量；而它此番落下，化作春泥，將孕育著樹根，滋潤著樹幹，使大樹更強壯茂盛，費迪不禁心滿意足地笑了。

此書結尾寫著：「在大地沈睡中，那深埋地下的樹根，已育出了幼苗，計畫著迎新春的來臨。又一個新的開始。」

作者以一片葉子隱喻人生，經由初生、成長而至老死，強調死亡並非生命的終站，因爲又有新的生命繼續綿延。

東方聖哲常把生命比做河流，源遠流長、生生不息，你要把什麼加在生命的河流？愛、欣喜和安寧，還是仇恨、絕望與紛擾，這一切全在於你。生命的價值握在自己手中，只有不斷地奮鬥，服務奉獻，才能創造完美的人生。

「一片葉子」這本精裝的詩集，以柔美的詩的語言，及鮮麗的圖片對照，融入了東方哲思，溫馨滿盈，把作者擁抱生命的熱情發揮得淋漓盡致，也給予我們深遠的啓示：生命的眞諦，是不斷地更新，生生不息。

剛柔並濟・渾然天成

——讀『邱七七自選集』

黎明文化公司出版的「邱七七自選集」，全書分爲「散文」、「遊記」、「科學小品」、「小說」共四輯，每一輯都溶入了作者的智慧及對現實的關懷和期盼。各輯中所選的文章共四十一篇，刊出的時間歷經三十餘年；事實上邱七七從民國三十八年迄今，始終維持業餘作家的身分，寫作不輟。她熱愛文學，對創作認眞而嚴謹。

「邱七七自選集」第一輯散文諸篇章中，不論是抒情感懷或敘事，溫婉中更透出一股剛勁的豪氣，輕鬆中又有嚴肅的一面；筆觸清新自然，似乎是信手拈來，揮灑自如，字裡行間流露出樂觀和洒脫。在「我喜歡朋友」一文中寫著：「如果我生活態度比較樂天的話，則這些快樂因子，都是朋友所賜。」認爲「做人應該馬虎一點，渾厚一點。尤其是朋友相處，切不可以精打細算。」因此邱七七能夠擁有許多朋友，快樂亦來之於朋友，主要的是她喜歡朋友。「七七憶七七」由自己的名字引伸到「七七」抗戰，文詞亦莊亦諧，此篇結尾點出了嚴肅的課題：「我們生於憂患，安能耽於逸樂，生活過分享受，不知今日何日，換句話說，即沒有憂患意識，一樣的可恥。」另一篇「翡翠的顏色」表達了作者爲人及寫作的原則。她喜歡李白的作品，因爲「李白的詩有他獨特的風格，少雕飾，近自然。」她覺得「詩有詩的風格，文章有文章的風格，一個人也有一個人的風格。」並在文中引用一位西方哲學家說過這樣的話：「別人隨便怎樣說怎樣做，我自己總是要做好。就好像是一塊翡翠，不管別人怎樣說怎樣做，我終歸是一塊翡翠，我要保持我的顏色。」邱七七執著於「保持我的顏色，保持我的風格，我這樣的希望著。」

第二輯「遊記」中的七篇文章，都是記述前往日本觀光的所見所聞，對各地的風景文物有詳盡的報導。雖然作者謙沖地表示「我胸無別才，眉下無別眼，此去日本，只是純觀光。」然而實際上她是具有「別才」和「別眼」的，那就是說她有易覺的心和能見的眼。因爲在「車行日本三千里」這趟旅遊中，她不只是隨便看看，而是觀察入微，通過意象和情感的交互感應，發抒爲文，一瀉千里。寫景生動鮮活，如：「路的兩旁松樹成林，筆直挺秀的主幹，茂盛的枝葉宛如一座纖麗的寶塔，近看株株相連，遠看一列列一行行，使我聯想到歐洲王室，衣飾漂亮、動作整齊的禁衛軍。」同時眼見日本精緻文化的層面以及生活品質的提昇，心中感觸很多，不禁想到：「日本能，為什麼我們不能？」七七原本就不喜歡日本，當然，凡是經過抗戰時期那漫天烽火炙焰中的中國人，誰的心胸中沒有一把憤恨的火呢？但是人家的進步不可抹煞，日本人在戰後的努力重建有目共睹，人家長處可供我們借鏡。邱七七遊記帶給讀者不是走馬看花的漫遊而已，她是讓我們看過別人明朗的天空，作一番回顧和自省，從而萌生激勵與深思。

無可否認的，我們是處在一個日新月異科技起飛的時代，科技已是今日和未來的特色，許多年前我們即已致力於引進科技，也獲得相當成效，但一般國民仍普遍缺乏科學知識，眞正的要使科學在國內生根，社會大衆必須具有科學基礎知識。或許作者有鑑及此，嘗試著將日常生活與科學結合，寫出了一系列的「科學小品」。第三輯中諸篇如「奇妙的增加與減少」介紹生物科技，對遺傳學神妙的細胞分裂作了明確的詮釋；在「星星和太陽」中詳述太陽系的九大行星以及衛星、彗星、流星等的情形；其他如「小原子的大能量」、「元素的故事」、「宇宙中的地球」、「自然的平衡」等，讀後不禁驚訝於作者涉獵之廣泛，及對科學的認識和瞭解，並以流暢的文筆作深入淺出的介紹與分析，使讀者對一般科學知識能獲得基本的概念。

「小說是多面人生的抽樣。」有位作家說：「小說的事件小，卻具微言大義，直探人性深處。小說另一種特質便是：有話不直說，作者藉著宇宙意義、事件、對話、動作等，不露痕跡地傳達訊息給讀者。」書中第四輯「小說」中的各篇章，對人性的探討，社會各個層面的善與惡，以及細緻的感情問題，都有所透視和隱喻，藉著小說的故事而達教化與啓迪的意願。如「舅舅沒有空」就是對時下的主管開會太多予以針砭，現引用該篇舅舅的話：「年輕時人都有一番雄心壯志，要轟轟烈烈地做一番大事業，但到一切實現之後，卻失去了自己。無聊的酬酢，公式化的接送，看起來一天到晚忙得很，但絕大部分是在浪費時間。」「錯、錯、錯」及「迷途」屬於婚姻的故事，爲現代都市中某些家庭瀕臨破碎的抽樣，是棒喝沈迷的佳構。「好妻子」、「貓與三葉草」、「無妄之災」等篇皆爲警世之作。另外「吉旅」及「以牙還牙」兩篇小說的情節雖然簡單，但讀來頗爲俏皮而諧趣横生，最後不禁使人發出會心的微笑，佩服作者慧心佈局的巧妙安排。

常聽人說：「文如其人。」邱七七的作品正如同她本人一樣，給人的印象明快洒脫，親切自然，不拘泥，不矯情，富陽剛的知性，兼具柔美感性的抒情，堪稱剛柔並濟，渾然天成。

美麗的回憶

每個人的生命裡，都曾迴漾著揮遣不去的美好記憶。畢璞女士的新著「第一次眞好」散文選集，其中若干篇章即是她生命中最珍貴的記憶；作者書名的「第一次眞好」道出了她的感覺：「第一次的經驗不一定都愉快，但是卻新鮮而刺激，使人回味無窮。」

畢璞女士從事文藝工作數十年，出版單行本已有三十多種，堪稱著作等身。雖然歲月飛逝，但她一直寫作不輟，年齡和環境並沒有使她改變，還是一如往昔，愛音樂、愛花、愛樹，以及大自然的一切，執著於美的追尋；更以微觀與巨視探觸現實人生，本著良知，著筆之際，懷著滿心的同情悲憫，寫出家國之愛及對社會的關懷。

「第一次眞好」是文經社特別企畫的「中國現代文選」系列中的第一本書，精選了畢璞女士歷年具有代表性的優美散文四十餘篇。

全書共分四輯，第一輯中的十二篇作品多屬往日情懷，是溫馨小唱，是心靈詩境，如：「小橋下那道小溪終年地奔流著……一雨之後，它的快樂好像更溢滿了，潺湲地從一塊石頭流過一塊石頭，飛濺著白色的水花，發出了淙淙的微響，也帶來了春天的信息。」

第二輯「心底微波」各篇，則是以眞情體察萬物，憑著多感的心，在最細微處領悟生命的愉悅與悲苦，筆端流溢出淡泊、親切的趣味，雋永而引人深思。

畢璞女士的文筆在清麗脫俗中更具嚴肅的使命感，書中第三輯有好幾篇點出了重要課題，顯示她對社會大衆的期盼：「你有沒有想到，我們自己過得這樣幸福，該怎樣去推己及人，讓生活在落伍環境中的大陸同胞，也能夠享受到我們的福分？」「祈求每一位具有道德勇氣的人都站出來，登高一呼，讓光明的正義感，消滅社會上所有的黑暗面。」

第四輯「歐遊零縑」等共九篇，都是描述歐洲風情及觀感。在十七天的旅遊中，的確，每一個接觸都是一種美麗的邂逅，有一份新鮮的感受，不僅帶引讀者身臨其境，而享臥遊之樂，並能使你沈醉於那恬然、典雅、古樸的氣氛中，有著舒暢甜美之感。同時，字裡行間蘊含對故國家園深濃的情懷，讓你回味思索。

綜觀「第一次眞好」，全書清、逸、淡、雅，饒富個人風格，行文中涵融了作者的理想，對世情萬物的觀點，及「淡泊以明志，寧靜而致遠」的襟懷，並善以溫婉、秀逸的筆觸來表達眞善美的人生；作者的心情總是滿溢著喜悅與感激，把美感帶入生活中，從而滋生善的意念，對青年人的思想啓迪與行爲導引，有很大的助益。而其雋永清新，更是適合大衆閱讀的好書。

積極的雙向溝通

在多元化的現代社會中，「溝通」成爲時下慣用的名詞。事實上，人與人之間，不論屬於那一種接觸，「雙向溝通」確有其貼切需要。

人際關係的探究是目前許多年輕上班族關心的話題，而良好的人際關係在於積極的溝通。對一般人來說，善於溝通不僅可減少人際關係的挫折，還使自己更有信心與人交往，擴展廣闊的空間。

「樂在溝通」一書，原作者白克夫婦是美國著名的工作生涯諮詢顧問，近年來推動「積極的雙向溝通」、「不卑不亢的說話態度」運用在工作中，幫助上班族更有信心，順利地完成工作目標。本書就是爲那些在工作上經常與人接觸的人而寫，但對一般社會大衆也有裨益。

任何人在工作場合中，難免感到困惑及頭痛的時候，本書旨在討論如何化解這些人際關係上的頭痛時刻。結論是：消極的退縮或侵略性的囂張跋扈只會帶來反效果，要以積極態度面對問題，使之趨向互動互惠，才能達到皆大歡喜。

全書共分十三章，第一章到第七章自成一個單元。告訴我們如何選擇單純而易收功效的部分來學習，並舉實例說明，再進一步深入各種積極行爲的探討。積極行爲是指積極與他人溝通的言行，應勇於維護自己的權益，但不否定及侵犯他人權益，並以直接、眞誠且溫和的方式，表達各自的需求、願望、意見、感受與信念，使雙方獲得滿意的結果，就是積極行爲的目的。

雙向溝通時，彼此間的言辭有讚美也有批評，讚美的話要簡潔明確，若是爲了使人高興而說些不必要的話，反而會沖淡氣氛；說話時以柔和的目光，保持眼部接觸，但不要瞪視對方讓人覺得不安。

至於批評要懂得批評的藝術。批評是爲了要助人求上進，而不是落井下石；批評具有積極的意義，重點在於未來的改進，而不是追究過去的錯誤。書中第七章提示我們，不管是批評別人或接受批評，都需表現得不卑不亢；批評與讚美一樣，日久就能融入日常生活，成爲一種本能反應，使人際關係自然和諧融洽。

閱讀第八章到第十章，將有助於應付一些複雜場面，並且幫助有退縮或侵略傾向的人，走上積極行爲的康莊大道。

第十一、二章都以實例說明，如何靈活運用積極行爲。最後在第十三章裡，提供了幾則切實可行的建議，以培養自己的積極行爲能力。唯有不斷地學習與檢討，積極行爲才會日益進步，在檢討得失時必須內心坦然，才能肯定自己的成功，並且記取失敗的教訓；但也不必在意得失，重要的是繼續勇往直前，再接再厲。

讀完本書，不禁想到一個問題，當今台灣最需要的是什麼?可以這麼回答：最需要溝通。我們社會上的勞資問題、校園中學生的意見糾紛、環保與工業界的抗爭、政黨之間的理念，甚至民意代表在議會中的表現等，種種的不協調情況，在在都需要溝通。

本書所揭櫫的積極的雙向溝通，主要在避免走上緘默退縮或攻擊侵略的兩條死胡同，積極行爲強調「反求諸己」，強調外在環境操之在我，積極行爲不僅讓你工作更有效力，增加信心，也使你在處理人際關係時得心應手，臻於美好。

蘭心蕙質蘊才華

——讀「芳草山莊」

已故大畫家高逸鴻先生的夫人龔書綿女士，出版散文集「芳草山莊」，該書共分五輯，並附錄紀念文章，及詩詞畫作等，可謂集詩、文、畫之大全，爲藝文書籍中之特色。

龔書綿出身福建晉江望族，自小聰慧，學生時代便表現了多方面的興趣與才藝，她熱愛文學、音樂、戲劇和美術。當年在師大唸書時，曾是校園裡一則令人神往的傳奇，教育系的龔書綿，溫婉秀麗，不但功課好，而且多才多藝，是男生心目中的偶像。但她專心向學，無視其他，直到畢業後執教於師專，才與書畫大師高逸鴻結緣。

婚後的龔書綿，由於朝夕與夫婿相隨相伴，耳濡目染，受其薰陶影響，更因她勤於學習，虛心受教，領悟出國畫的妙趣，所以對繪畫日益精進，她的「四君子」深得逸鴻大師的神韻，同時也具有自己的創意，所繪梅、蘭、菊、竹，線條柔和，靈秀活潑，兼具陽剛與陰柔之美。

每一幅畫不僅表面形象予人美感，更是涵融了詩情和哲理，隱喻對理想人生的追尋，從而可以看出作畫者的內心世界，嚮往返璞歸眞的精神生活。

在龔書綿的散文作品中，同樣流露出她個人的靈性，及純樸自然的風格。她的文筆清麗洗鍊，因她出身書香門第，家學淵源，有深厚的國學基礎，將宗教、倫理、教育、文學、美學都融會貫通，延展爲寫作的依據，並精塑成詩的語言，凝煉爲雋永的篇章。

「芳草山莊」從第一輯「故人依舊在」，至第五輯「人生幾許夢」，無論是訴說家居情趣，或是描述山靈水秀、天光雲影，以及閱讀思考的心得，與對世情萬物的觀點，皆表現出作者的人情練達，和洞明世事的才智，所謂「世事洞明皆學問，人情練達是文章。」對人生體會愈深，心性則愈溫厚包容，也就能寫出優美的好文章。

書中最後附錄的幾篇悼念文，寫盡作者喪偶的悲痛情懷，字裡行間流露的眞情摯意，多少憂傷，多少淚痕，讀來令人低迴不已。感人生變化無常，但縱然海枯石爛，地老天荒，而人間卻有不老的愛情，即使天人相隔，卻永遠地心繫。

龔書綿蘭心蕙質，蘊含多樣才華，她的「芳草山莊」一書，洋溢著典雅芬芳，使讀者從中感受到那股濃郁的書香，和藝術的華美，並引領我們進入一個溫馨、寧靜、祥和的境界。

帶你回到童年

在人生過程中，童年是個閃亮發光的時期，所以被稱爲「黃金似的童年」。

許多人離開了童年之後，會特別想念童年時代的生活，因爲小時候的世界充滿新奇與趣味，無憂無慮，童心純眞而歡樂。

然而，人畢竟是會長大的，正如同世事的變遷，人不斷成長也有所變化。有一天當我們回顧以往時，不管現在是如何的意興風發，如何的富裕安適，或是備受挫折，失意潦倒，心中總會常常懷念早已一去不復返的童年世界。

西諺云：「把童心帶到中年、晚年，是一種智慧。」女作家鮑曉暉在她的散文集「童年往事」自序中曾說：「我那童年流浪的歲月，給我豐盈的回憶，這些記憶，深藏在腦中，時時熠熠發光，成了我一生的智慧。」

鮑曉暉女士便是這樣以她的智慧及洗練的文筆，描述屬於她的往日情懷。她生長在冰天雪地的北國，年少時因戰亂遷徙流離，奔走不同的陌生地方，她的童年生活可謂多彩多姿。

在「童年往事」一書中，有多篇寫北國的景物風貌，如「青紗帳起」，東北七、八月間，高粱長得茂盛。「走在鄉村田野間，放眼只是一片無際的高粱，像綠海般直到天邊，風吹高粱葉的颯颯聲，像是走在一層層的綠色帳幔中。」作者總是抓住感受最深的加以細緻的描繪，如圖畫般展現眼前。寫「故鄉的冬天」，那天寒地凍的東北，冬天氣溫常在零下二十度左右。「一夜風雪，早上起來，房門都被雪花堵住打不開，撬開門，雪積尺高，必須鏟雪掃出一條路來。」所以在外面走動幹活的人，經常是頭戴護耳的毛皮帽子，身穿老羊皮襖、棉套褲，腳穿烏拉草的氈鞋，簡直像是愛斯基摩人。

儘管外面冰天雪地，屋子裡卻是溫暖的，每家都有火爐和火盆，家人共享「圍爐情趣」。作者小時候最喜歡賴在祖母的炕上玩耍，因爲「祖母炕上的火盆最大，紅焰焰的火盆裡常會飄出陣陣烤蕃薯、烤馬鈴薯的香味，滿足了小饞嘴。」

經過三個多月的嚴冬季節，終於春天來了，春風吹醒了大地，東北原野景物換上新粧，閃著耀眼的新綠，作者和她的小玩伴一同去「踏青」，他們「手牽手，帶著媽媽準備的野餐，快樂地走在春的原野，嘴裡唱著老師教的歌：三春好光陰，物華天地新，今朝結伴去旅行。……」回家的時候口袋裡裝滿了路上撿來的小石頭，手中還拿著一根小草或是一條柳枝，是童年時心目中喜愛的玩具。

作者也生動地敘述秋收後的東北平原，孩子們在原野上放風箏、聽雁鳴、看群雁南飛；累了就燒黃豆吃，揀拾收割時遺落的豆莢，堆起來點火燃燒。「豆莢燒得嗶啪響，火熄了扒開焦黃的豆莢，熱呼呼的豆豆，又香又脆，吃得津津有味。」

多麼豐美的北國大地風情，多麼趣味盎然的童年，讀來令人心嚮往之。

由於鮑曉暉女士生逢戰亂時代，歷經流浪逃亡的生活，所以她的作品中也記錄了那段「浮萍歲月」的點滴，以自然流暢的筆觸，描寫不同的生活場景，和富有地方特色、時代特色的事物。「江畔歲月」、「小城趕集」、「小城過年」、「坐江輪過三峽」等篇章中，作者透過尋常的素材選取典型細節加以微妙的描繪，眞切而鮮活，使人感覺如歷其境、如聞其聲、如見其人。

作者在字裡行間融入了濃郁的感情，所寫「母親的手」、「曾祖父的旱煙袋」更是洋溢著純眞親情。離開故鄉四十餘年的作者，已視客居的臺灣爲第二故鄉，卻仍難忘故土家園的一草一木，及魂牽夢縈的親人，文中不時地流露出悠悠鄉愁，她也誠摯熱情地邀請臺灣朋友去探訪東北的家鄉。

讀這本國語日報出版的「童年往事」，有股溫馨和熟稔的氣息在胸臆間流盪，自己的童年歲月也跟著從記憶裡復甦，同時感受到那份童年樂趣。

有人說，現在社會上道德淪喪，罪惡叢生，是因爲人們失去了那純潔無私的童心。假如人人都有顆赤子之心，我們的社會定會變得祥和安寧！

讀一本好書常使人頓知悔悟，產生感召力，或許也可讓我們拾回遺落的童心。

神州尋夢

古今中外，遠離家鄉的人，總是被濃濃的鄉思牽繫著，故土親情，永遠爲遊子魂牽夢縈；無論家園風貌、老屋廳堂舊事、慈親的笑顏，都是終生難以磨滅的記憶。

生長在動亂的時代，中國數十年來遭逢的橫逆戰禍，個人的顚沛流離，家國的破碎，多少辛酸，深藏於遊子心底。於是鄉情成爲這一代文學的特性，多少作者寫出了家國之思，寫出了鄉夢情懷，尤其開放大陸探親後，渡海人士不絕於途，「返鄉文學」自然地成爲創作的新主題。

女作家芯心年前出版的「大陸遊」一書，就是描述她回大陸探親兼旅遊的所見所感，這不同於一般記錄式的報導，而著重心靈的感受；作者對於景物的描摩，深刻細膩，並對各地的傳說、諺語、名勝特產、軼事典故的來龍去脈，都有十分清楚的交代。她原是要回到那記憶中的神州尋夢，然而一旦夢已成眞，卻是支離破碎，帶給她的感傷和衝擊，筆下不禁流溢出惋嘆之情。

經過四十年的睽隔，作者回到了思念的家鄉蘇州，在「一日天倫」中，她見到闊別多年的大哥大嫂：「顫巍巍的身影一步步蹣跚走來，迎立乍見，幾疑是夢，他們的頭髮已白得如霜如雪，皺紋堆得又多又深，當時還年輕的兄嫂，如今全都變了模樣。多少悲歡離合，貫穿在四十年的無情歲月中，多少生老病死，交織在我們的淚光中！」

畢竟被稱爲神州大陸的錦繡河山，依舊有著美麗迷人的一面。旅遊中，作者見到「西湖十景好風光」，她寫著：「行到西湖，看到了她的眞面目，心中不禁舒了口氣，因爲姣好的西子湖清姿麗質，盈盈的秋水柔靜透亮，湖面似鏡，水雲互映，玲瓏亭閣，四面水光，西湖依舊那麼寧謐，那麼美麗，一如蘇東坡詩句裡的：『濃妝淡抹總相宜』，西湖給騷人墨客歌頌得千古不朽。」

又在「國畫的家鄉」中，把黃山的風景描繪得淋漓盡致：「石爲骨，雲爲衣，松是容，泉是聲的黃山，雖屬人間，卻似仙境。」該文末段更點出：「當你欣賞群峰巍峨，氣勢磅礡的長卷山景圖，或是觀賞松石雲煙，飛瀑流泉的巨幅水墨畫，那就是黃山眞面目，走進畫中境界了。」

作者文筆清新秀逸，在她筆下的故國名勝遊蹤，行文一派山容水意躍然其間。「湖光染翠之工，山嵐設色之妙」，經過她生花彩筆的刻劃更爲傳神了。

一般的遊記，大多是隨興之所至，記下旅遊的盛況，芯心女士卻是精心設計，抒發性靈之作，詞句美，造境更美，篇篇都是優美的散文，她不僅寫出了每一處景色的奇特，也寫下了每一處環境的細節，拓廣了我們心靈的視野，也增加我們知識的領域。細細品味，她的文章像霞光中反映的華采，燦然奪目。

「大陸遊」是本細緻而詳實的散文式遊記，不但帶你身臨其境，也讓你感受神州今昔變遷的回味思考。懷鄉的遊子固然值得一讀，而未能親炙故國大地的同胞，更可從書中瞭然於彼岸人文風物的資訊。

人間的關懷

人與人和樂的共融，往往繫於生活中的細心觀察、領悟、包容，並眞誠地互相對待。無可諱言，世間最親密的關係莫過於夫妻、父母與子女之間的親情；但即使朝夕相處，如果不珍惜、維護、容忍及諒解，也仍然有破裂的時候。

家是心靈與精神的支柱，是社會最重要的基層組織，一個美滿的家具有無比的向心力，是出外人期盼歸去的場所，是人生旅程中安適的避風港。

爲什麼現代社會中，家庭完美親密的形象逐漸淡化而式微？夫妻離婚率上升，青少年犯罪日益增加，隨著社會結構快速轉變，已使家庭功能轉弱，其關鍵所在應是彼此間缺少了解與關愛吧！

當然，這情形畢竟不是全部，我們也在報章上讀到一些感人事蹟，尤其是那些有著殘障子女的父母。他們付出加倍辛勞和堅忍的毅力，必須有特別的耐心，使得孩子感受家的溫暖，激發生命的活力、向上的意志，去接受教育或技能的訓練，終而成爲有用的人。

最近讀到水天女士的著作——「明晃晃的太陽」短篇小說集。書中溢滿關愛之情，讀來令人深爲感動，禁不住鼻酸落淚。

這本小說集共分三輯，第一輯「慈孝篇」，包括「銀泉他爹」、「父親和母親」、「匯款」、「以毒攻毒」、「眞相」等，描寫親子之情，刻畫入微，那份濃密、深切、不求回報的愛，讓人有心痛的感覺。

第二輯「安懷篇」寫師生的愛，溫馨親切，如「小小樹苗」、「薑花開花時」、「鞏生仕旺」等。

水天自師大國文系畢業後，服務教育界數十年，且大部分時間從事启聰教育，這方面的經驗頗豐，有些是她親身經歷，情感眞摯，寫來生動鮮活。

第三輯「好逑篇」則寫兩性的情懷，有婚姻的故事，也有動人的愛情。有的因愛而復甦，也有因愛而仆躓。

緣分是不能強求，也不能推卻的，驚鴻一瞥常常成爲兩心相許，相愛不渝成爲永生誓言；但是無常的人生總有無限的變數，於是各有不同的遭遇和結局，編織出不同的喜、怒、哀、樂，使讀者欣然，也有感歎與惆悵。

現今這個時代，許多人都是追求物質享受或聲色之娛，往往忽略了最重要的情愛。鑽石是珍貴的，但可以高價購買，而人間至愛、倫理親情卻是無價之寶。有位西方劇作家在他的作品裡說：「有人周遊世界，尋求他所需要的，卻在回家之後找到了。」

「明晃晃的太陽」是本充滿愛的書，水天以樸實自然的文筆，描述周遭小人物的故事，吟詠溫馨的世間情味，從平凡中表現了突出的部分。

筆下人物善良溫柔，似乎與我們十分貼近，他們愛別人，也被人所愛。愛使人生和諧，愛能消弭嫉恨，撒下快樂的種子。透過書中各篇章，我們可以感受到那股恬淡的、純摯的愛的馨香。

愛的證言

人生哲理往往是從日常生活的平凡事物中推究出來的。作家常常運用縝密的思維、敏銳的觀察，來捕捉生活中有意義的小片斷，以優美靈巧的筆觸，透過情感的傳眞，展現別有天地，達到啓發人心的效果。

席裕珍女士所著「永不凋謝的愛」散文集，便是這樣一本溫馨感人的書，其中作品篇篇雋永清新，精緻可誦。

早年在中央、新生等報副刊上，常看到席裕珍精短細緻的散文，予人溫柔敦厚的感受；後來在中國婦女寫作協會年會時與她結識，果然「文如其人」，是位溫婉文靜的女性，眞誠善良，使人樂於和她親近。

本書共收集四十八篇散文，取材多屬身邊瑣事，如「趣談如意菜」、「地瓜粥的懷想」、「木棉與我」、「巷口」等。看題目即知皆爲平凡小事物，唯其小事，要寫出特殊的韻味佳趣，卻不容易。席裕珍從日常生活點滴中，能見人之所未見，發現一般人所未曾發現的眞理，意到筆隨，自然貼切；文中且富哲理，充滿感恩情懷，及對親情的繫念，在在引人深思。

席裕珍自認是個平凡的人，過平凡的日子，她謙沖地表示：「我寫的都是平凡小事，沒什麼好，既輕且短，比不得人家的大塊文章。」事實上，她的作品清麗脫俗，值得一再品味。讀她的散文，好像遠離了紅塵，來到一處青山碧水之前，有著山間帶露的新鮮之氣，恬然適意。讀後不但使人心平氣和，而且還能感覺到生活的趣味，生命的溫暖與愛。

作者將愛融進了生命，思緒以培養一顆豐富的愛心為依歸，在下筆的時候，讓那可貴的特質由作品中顯露出來。

席裕珍在序中首先強調：「每個人都擁有一種『永不凋謝的愛』，那是對周遭生活的關愛，和對永恆生命的熱愛。愛是一種奉獻，也是一種獲得，雖然奉獻之後不一定能得回報，而獲得之後也不一定有機會回報，但是在無私無怨的天性融和下，它們卻都化成了『永不凋謝的愛』！」

這正表達了她個人的心聲，因為她的心中有愛，才覺得人間有愛，處處有溫情；唯有通過愛的管道，人與人才能毫無阻礙地交往溝通，化除不必要的隔閡和誤會，增進彼此的尊重和了解。書中各篇章都是愛的證言，提醒我們要知福惜福，創造和諧美好的世界。

在這失去秩序、金錢腐蝕人心的社會，本書無疑是物欲濁濤中的一股清流，有助於精神生活的提升。讓我們如啜飲一杯馥郁芬芳的香茗、品嘗一碟精緻淡雅的青蔬，去細細體會個中滋味吧。

淚水浸潤的愛

時代在變，社會在變，甚至道德標準也在變的今天，現代的青少年隨著社會多元化形態的影響，價值觀扭曲變形、合群上有所疏離、理想層次低落，甚或有背離社會的行爲和觀念。而且此種現象有日趨嚴重及擴大感染的趨勢。

小說作家梵竹憑著敏銳的感觸、細微的觀察，從生活實境中取材，以對人世的關愛之情下筆，悉心經營「變」的故事。

「變」，是一本中篇小說集。除「變」之外，還收有一篇「漁孃淚」。「變」中的主角于飛龍，是個十七歲的男孩，遭遇到家庭的變故，早年母親與父親感情不睦即離家出走，及至父親又酗酒病歿後，留下他與兩個妹妹和一個弟弟，頓成孤雛，「一家之主」的責任竟然落在這十七歲男孩的身上。

于飛龍悚然而懼，雖然父親留下家產，並請好友趙伯伯爲監護人，照顧他們。但是，他的內心仍然感到沈重的負荷，不免徬徨失措，導致心態的不平衡，而產生對性別的混淆觀念。

一種逃避的意念使于飛龍想到變性可能更適合自己，他希望變成女孩。

由於很早就失去母愛，加上又遭父喪，于飛龍在破碎的家庭中完全失去了依恃，缺乏安全感。他常沈緬於回憶中，想著小時候依偎在母親懷裡多麼甜密溫馨，當時他和弟弟、妹妹是多麼快樂。

他渴求那失去的愛，有次在路上看到一個女人酷似母親的背影，認爲就是離去多年的母親，竟追上去叫著「媽媽」。然而事實卻是殘酷的，帶給他的是失望和痛苦，何處能找回他親愛的媽媽呢？

在載沈載浮的環境裡，于飛龍感到一片迷惘，不知如何面對未來。潛意識裡，他希望自己長得高大健壯、孔武有力，是個扛得起全家生活擔子的男子漢。然而，他又覺得自己矮小瘦弱，不夠男子氣慨，還是變成女孩較好，可以找處避風港，有個溫暖的家，安安穩穩地，不再焦慮這個、煩心那樣。於是他頻頻到醫院去找醫生，希望能爲他解答一些問題，卻總是得不到答案。

梵竹在「變」中，展露了青少年的苦悶與狂渴，描寫于飛龍的心理狀況，深刻細膩，凸顯出他內心的徬徨和矛盾糾結。同時也說明在現代婚變頻仍的社會上，破碎的家庭帶給下一代巨大的生存陰影，以及心靈上受到戕傷，讓人省思。

另一篇小說「漁孃淚」，是以澎湖的離島——員貝嶼爲背景，寫漁家女對愛的執著、漁郎爲生活奮鬥的艱辛、向險惡的環境挑戰。儘管有海難發生，年輕的漁民仍然勇敢地與天對抗，航向賴以維生的大海。

五年前的海難，使秋月的父親喪生，惡夢尙未遠去，這一次秋月的男友阿龍又被大海吞噬，然而秋月相信，出海未歸的阿龍，有一天還會回來。她常常坐在珊瑚礁石上，凝望著迷茫的海面，等待阿龍，就像她的母親等待父親一樣，將一輩子活在期盼中。他們雖沒受太多教育，而那份堅貞執著的愛，令人深深感動。

「漁孃淚」不僅是個淒美的愛情故事，也道出了員貝島居民樸實勤奮的生活，以及他們堅強的意志。該文結尾寫著：「在石旁縫隙裡，竟然竄出一撮生意盎然的植物，還開著紫絨絨的球狀小花，它就像咱們島上的漁民一樣，無畏巨浪翻天，無畏風砂横掃，千年萬年地，戰勝嚴冬，爲迎接春之神而昂然屹立。」充分顯露了莊嚴悲壯的生命情調。

梵竹的小說情節生動，泛溢著悲苦和淚水，但最後卻呈現光明和希望。

溫馨寄情

——讀「愛的祝福」

自古以來，離鄉背井的人，總是被濃濃的鄉情包裹著，而失落的親情，更是遊子永遠的牽繫；無論是故園風貌，老屋廳堂舊事，慈親的關懷愛語，或是手足稚情的童年樂趣，每一件都鎖在記憶深處。

生長在動亂的時代，中國數十年來遭逢的橫逆戰禍，個人的顚沛流離，家國的破碎，怎不叫人愁腸百結，憤恨塡膺！於是鄉情成爲這一代文學的特性，多少作家寫出了家國之思，寫出了鄉夢情懷。尤其開放大陸探親後，因爲渡海人士不絕於途，返鄉文學自然的成爲散文創作的新主題。

讀爾雅出版社的「愛的祝福」散文集，是兩位女作家王令嫻和唐潤鈿共同的作品，由於她們年齡相差無幾，都是「少小離家老大回」，書中篇章大多爲探親文學，儘管各人出生的環境有著不一樣的地方色彩，但懷鄉之情卻是相同的，字裡行間流露出對往事的回憶思念，對現實的椎心之痛，傾吐了尋根的興奮與失望，悲喜交集中有笑聲淚痕，真摯感人。

「愛的祝福」分為上下兩輯，上輯是王令嫻的「故事沒完」，共收集「母親，請聽我唱」、「回娘家」、「嘉陵江在嗚咽」、「一路順風」、「老兵之愛」等十五篇。其中著墨最多的是探親期間的所見所思，親人重聚的悲歡激動，而「壓抑不住內心沸騰的情感」，由筆尖流洩紙上。

王令嫻用沉潛的心，至情至性的描繪出當時情景，見到母親的刹那，「張開雙臂把母親緊緊的抱在懷裡，像是抱住一件棉襖，體重都感覺不到了。」「蒼老、低沉、顫抖的聲音是陌生的，何時消失了高亢清脆的嗓音？」凸顯出夢與殘酷的現實相煎熬。「嘉陵江在嗚咽」是追懷逝去的童年，往事又在記憶中映現，當年那個長辮子的女孩，帶領弟弟們，每個黃昏，到江邊戲耍，一邊玩水漂，一邊等爹爹下班回來。如今睽違四十年後，她回來了，卻再也見不到爹爹，見到的只是一盒骨灰。遠去的歲月，褪色的舊夢，有如枯葉，自寂靜的空中飄落，令人茫然，令人心酸。王令嫻善於運用文字的魅力，作品中感性而意象鮮活的語言，使讀者有著如見其人如歷其境之感，例如「回娘家」、「一路順風」、「老兵之愛」等篇，其生動的筆觸，悲涼處不禁使人泫然欲泣，幽默處又讓人莞爾深思。

「愛的祝福」下輯是唐潤鈿的「愛的航行」，總共收集「晴時多雲轉驟雨」、「大時代中小故事」、「逃家讀書」、「永遠的感念」、「坐擁書城」、「一次體驗」等十二篇。此輯所寫側重於往日情懷及生活經驗，以溫婉平實的筆調，記錄歲月中留痕的足印心聲，文中溢滿親情、友愛，淡淡的語氣中蘊含哲理。

讀唐潤鈿的文章，彷彿與老友對坐談心，是那麼親切溫和，聽她娓娓道出生命中奮鬥的過程，以及內心的感觸。她心地善良，熱誠寬厚，在「逃家讀書」中述說因繼母阻止她升學，而獨自偷偷逃離家庭，搭上駛向臺灣的輪船，投奔服務於基隆港務局的叔父，得以達到繼續讀書的目的。另一篇「高飛背母時」首先寫著：「若不是有一位繼母，或許我不會來到臺灣，使我度過進取、快樂的青年期，歷經忙碌、踏實的中年，而今又進入平穩、寧靜的老年生活，我眞該感謝她。」唐潤鈿有顆仁慈的心，對人無怨無恨，總是心懷感謝。在「坐擁書城」及「三重組合」等篇章中，對曾經幫忙過她的人，都永遠感念。表現在她文章裡的還有一股堅強的毅力。她認爲，我們應該把握住人生中每一個機運，經過了自己的努力，更會有「無愧於心」的另一種「平安」與「成就感」。

「愛的祝福」最大特點是兩位女作家的作品，處處顯露出人性的光輝，洋溢著愛與溫馨。因爲心中有愛，便覺得人間有愛，也把讀者帶入了愛與溫馨的氣氛中。

遙遠的炮聲

——讀《烽火歲月》

時光流逝了六十幾年，中日戰爭的年代成爲過往，震天的槍炮聲已然淡遠；但是，我們怎能忘記那些血淚交融的日子，中國人遭受的慘痛和苦難。

凡是生長在抗戰時代的人，都難以忘懷：侵略者的鐵蹄踐踏我美麗的河山，殘殺我無辜的同胞；多少人妻離子散，多少人田園家財化爲灰燼，多少人在敵機的轟炸和炮火下，橫屍遍野，血肉模糊，喪失了寶貴的生命。

山河泣血，歷史在淚水中寫出，慘烈的景象令人震撼。烽煙蓋地，戰鼓驚天，喚醒了中華民族魂，全國軍民奮起抗日，投入那生死存亡的戰鬥中。

《烽火歲月》這本少年小說，寫的就是發生在抗戰時期的眞實故事；資深作家鮑曉暉以洗練、流暢的文筆，生動的描述這段歷史，爲那個時代作見證。書中敘述一個小女孩的經歷，由於家鄉被日軍侵占，離鄉背井，跟隨家人逃亡、流浪；在烽火蔓延中，從東北遷徙到西南大後方，由童年而至青少年的這段成長歲月，走過許多城鎮和鄉村，以其所見所聞，呈現在故事中的每一場景，歷歷如繪，讀來彷彿身臨其境，令人感受到那股戰火熾烈的氣氛，以及軍民不屈不撓的堅忍抗敵。當時，愛國青年的犧牲奉獻，影響所及，深遠廣大；他們拋頭顱，灑熱血，英勇的奔赴戰場，奮不顧身邁向勝利之途的決心與毅力，充分顯示出大無畏的精神。

那個時代，因爲全國同胞團結一致，犧牲奮鬥，以血淚換來了勝利成果，戰後重建逐漸興起的繁榮進步，使我們今日才能享受到現代物質文明的幸福生活。可是這一代的青少年，在自由的天地過著無憂無慮的日子，從未遭受戰時的苦難與折磨；他們缺乏對過去的緬懷，提及抗戰歲月，一片茫然，也漠不關心。大多數人比較現實，重視功利，追求物慾的滿足，更遑論對國家、社會的責任感，怎能不使我們深加省思呢！

《烽火歲月》扉頁上特別寫著：「謹以此獻給青少年朋友」。作者在書中所表達的，不僅是一個苦難年代的縮影，她更希望現代人能了解戰爭的殘酷和傷害；尤其是青少年朋友，應該珍惜目前安定富裕的生活，認清自己是國家未來的主人翁，奮發自強，勇於擔負整頓乾坤、開創國運的重大責任。

匡若霞寫作年表

一九五一年　開始寫作投稿，短篇小說「王院長的遭遇」爲中華文藝獎金委員會錄取。

一九五三年　「迷途者的歸來」一文獲得中華文藝獎金委員會五四文藝獎短篇小說第二名。

一九五五年　「阿根的牛」一文獲得「豐年」半月刊徵文短篇小說第一名。

一九五六年　「儂心永許君」一文獲得「中國的空軍」月刊「八一四」徵文短篇小說首獎。

一九五八年　爲「復興文藝」雜誌撰寫「每月小說」。

一九六二年　中篇小說「蔗園之戀」在台中市民聲日報副刊連載。

一九六六年　中篇小說「閃爍的星辰」獲得第二屆國軍文藝獎。

一九六八年　出版短篇小說集《不是終站》。（華美出版社）

一九七二年　出版散文集《青葉集》。（光啓出版社）

一九七三年　「青葉集」一書獲得第八屆中山文藝獎。

「又是中秋月圓時」一文爲婦女寫作協會編審委員會選入《自由中國女作家選集》英

譯本。

一九七四年　因氣喘宿疾時患，健康欠佳，停止寫作。

一九八二年　健康情況好轉，再度執筆，續向各報刊投稿。

一九八三年　應邀爲「關係我」季刊撰寫「人生漫步」專欄。

一九八五年　出版短篇小說集《暖陽》。（世界書局出版）

一九八七年　「陽光之城達拉斯」一文被選入《中國當代女作家文選》。（香港新亞洲文化基金會編印）

一九八八年　應邀爲台灣日報「婦女與生活」版撰寫「打開天窗」專欄。

一九九〇年　出版散文集《歲月履痕》。（采風出版社）

一九九一年　應邀爲國語日報「少年版」撰寫「夢裡家園」專欄。

爲「婦女雜誌」撰寫「家庭書坊」專欄。

「生命寫史血寫詩」一文入選中國婦女寫作協會主編《我們的八十年》文集。（時報文化出版公司）

一九九四年　「四十枝槍」一文入選《一〇〇位作家百篇散文》合集。（文訊雜誌社出版）

「天上人間長相憶」一文選入《眞情不褪色》合集。（圓神出版社）

一九九六年　出版小品文集《心靈剎那》。（雙大出版公司）
　　　　　「分享與結緣」一文入選《圓作家大夢》合集。（躍昇文化事業有限公司印行）
一九九七年　散文集《桃源此去有歸路》入選桃園縣立文化中心作家作品集。（桃園縣文化中心印行）
　　　　　「樹繞花圍竹籬笆」一文入選《桃源新境》合集。（中華日報出版）
　　　　　「血濺沌溪」一文選入七七抗戰六十週年紀念專文選輯。（青年日報社編印出版）
一九九八年　「夢中的湖」一文選入《文學原鄉》合集。（正中書局出版）
二〇〇〇年　桃園縣文藝作家協會婦女徵文比賽自一九九七年至二〇〇〇年，連續四屆擔任評審委員。
　　　　　獲頒桃園縣文藝作家協會優秀作家獎。
二〇〇一年　出版散文集《時空流轉》。（文史哲出版社）